ニコル・オレーム『貨幣論』とその世界

ニコル・オレーム
『貨幣論』とその世界

金尾健美 訳著

知泉学術叢書 37

はじめに

　本書は表題通り，ニコル・オレーム（ニクラウス・オレスミウス）の作品紹介とその解説である。第1部は『貨幣論』の翻訳で，引用される文言の典拠は原典では指示されていないので，訳者が脚注で示した。よく知られた短い作品だが，今のところ全訳はない。後述するが，論旨は明快で，文章もさほど凝ったものではないが，引用が不正確で，誰の，どの作品の，どの部分を参照にしたのか，よく分からない場合がある。第2部では，オレームの生涯と主たる業績，手稿の保存状況，本作品の評価と影響を簡単に解説したが，評価は確定していないと思われるので，私見である。第3部は彼が生きた14世紀中頃の北フランスの世界を描いた。まず，彼が日々手にしていたと思われる貨幣について，前世紀の末まで遡って，それぞれの貨幣の発行時での規定と，全般的な傾向と，両方を解説するつもりである。彼が貨幣に焦点を絞って，一篇の論考をまとめようと決意したきっかけを探るためである。この論題の選択は稀有な事か，それとも凡百を承知の上か。多種多様な貨幣の乱舞する経済環境の根本原因は何か。無視できない背景を，あまり深く立ち入らないように留意し，必要最低限だけを示した。さらに，彼を必要とし，取り立てた，ないし巻き込んでいった権力の中枢に目を向け，王権の回りでは何が起こっていたのか，複数の観点から考察を加えた。以上がこの小品で論じる内容である。

目　次

はじめに……………………………………………………………… v

第1部　『貨幣論』全訳

凡　例……………………………………………………………… 3
序　………………………………………………………………… 5
第1章　貨幣はなぜ発明されたか ………………………………… 6
第2章　貨幣にはいかなる素材がよいか ………………………… 9
第3章　貨幣の素材とその混合の多様性について …… 11
第4章　貨幣の形態とデザインについて …………… 13
第5章　貨幣は誰の責任で製造するのか ………………… 15
第6章　貨幣そのものは誰に帰属するのか …………… 15
第7章　貨幣の製造は誰が負担するのか ………………… 17
第8章　貨幣の改定全般について ……………………… 18
第9章　貨幣デザインの改定について ………………… 19
第10章　貨幣間比率の改定について ………………… 21
第11章　貨幣名目値の改定（デノミネーション）
　　　　について ……………………………………… 24
第12章　貨幣重量の改定について …………………… 26
第13章　貨幣素材の変更・改定について …………… 29
第14章　貨幣の多項目改定について ………………… 31
第15章　君主が貨幣の改定から利益を引き出すことは
　　　　不当であることについて ……………………… 32

viii 目　次

第 16 章　貨幣の改定に利得を求めるのは自然に
反することについて……………………………… 34

第 17 章　貨幣の改定に基づく利得は高利より悪い
ことについて……………………………………… 36

第 18 章　そのような貨幣改定は貨幣の本性から見る
限り許されざることについて ………………… 38

第 19 章　貨幣の改定実施によって生じる君主の
不利益について………………………………… 40

第 20 章　社会全体に関わる不利益・不都合について
……………………………………………………… 42

第 21 章　社会の一部分に関わる不利益・不都合
について…………………………………………… 43

第 22 章　そのような貨幣改定を社会は実施しうるか
否か………………………………………………… 45

第 23 章　君主は貨幣を改定しうるとどこで断言される
のか………………………………………………… 48

第 24 章　以上に述べたことに対する回答 ― 全般的
結論………………………………………………… 50

第 25 章　暴君は長く君臨できないことについて…… 53

第 26 章　貨幣改定から利得を引き出すことは
王権全体に損失をもたらすことについて ………… 58

第 2 部　オレーム『貨幣論』解題

1. 生涯 ………………………………………………… 62

2. 業績 ………………………………………………… 64

3. 手稿と刊本 ………………………………………… 67

4.『貨幣論』の論点と結論………………………… 69

5. 影響と評価 ………………………………………… 77

目　次　ix

第3部　オレームの世界―14世紀の北フランス

第1章　貨　幣 ……………………………………………… 85
第2章　戦　争 ……………………………………………… 93
　1. ヘンリー3世の大陸遠征とパリ条約 ……………… 94
　2. ギュイエンヌ戦争 …………………………………… 94
　3. サン・サルドス戦争 ………………………………… 95
　4. カペ家の断絶とヴァロワ家の王位継承 …………… 98
　5. ロベール・ダルトワ事件 …………………………… 99
第3章　統治機構と権力者 ………………………………… 102
　1. 機能分化と機構の形成 ……………………………… 102
　2. 北西派，中南派，ブルゴーニュ派 ………………… 108
　3. 法曹エリートの活躍 ………………………………… 125
第4章　政争の場 ―― 君主政管理の挑戦と失敗 ……… 130

おわりに ……………………………………………………… 141
家系図 ………………………………………………………… 143
グラフ：金マール価格・銀マール価格 ………………… 145
表：フランス王の金貨・銀貨 …………………………… 148
索　　引 ……………………………………………………… 155

ニコル・オレーム『貨幣論』とその世界

凡　例

----

1)　本稿は Nicolaus Oresmius, Tractatus de origine et natura, iure et mutationibus monetarum の全訳であり，M. L. Wolowski 編集版 (Paris, 1864, et Genève, 1976.) を主とし，Jacqueline A. Fau 版 (Ed. Cujas, 1990) を参考にした。ウォロースキー版はフランス帝国図書館（現フランス国立図書館）所蔵の手稿本を底本とした旨，序文に記載されているが，その整理番号は不記載。体裁の描写，およびインクの色使いの説明から判断して，フランス語版は現 BNF Fr 25153，ラテン語版は現 BNF Latin 13965 と推測される。テキストの異同と引用に関する若干の注記はあるが，アリストテレスなど引用典拠に関する注記はない。そこで，典拠註は Dupuy, Claude éd. Chartrain, Frédéric traduit ; *Traité des monnaies Nicolas Oresme et autres écrits monétaire du XIV° siècle*, Lyon, 1989. に頼ったが，それでも幾つか不明のものが残った。この版は滑らかな現代語の抄訳であり，原文は収録されていない。フォー版は各文に番号を振り，分かち書きをした上で，現代フランス語と英語の翻訳を併記している点で親切であるが，底本不明（おそらく上記ウォロースキー版），アリストテレス，カッシオドルス，キケローなどの引用典拠も不記載，脚注もないので，教室で説明を加えながら使用することを前提として編集された版と思われる。

2)　他に Verlag Wirtschaft und Finanzen 1995 を参照したが，これは BNF Latin 8733A のファクシミリ版であり，解説はなく，編集者名も不記載。

4 凡　例

3) 原典は 14 世紀中頃，つまり公文書でも俗語使用が優勢にな
る時期である。そこで教皇を除き，聖職者名も俗語読みと
した。したがって，「ニコラウス・オレスミウス」ではな
く，「ニコル・オレーム」とした。
4) 訳文の中で，〔　〕で括った語句は訳者による補足である。

第1部

ニコル・オレーム『貨幣論』

　聖神学教授ニコル・オレーム（ニコラウス・オレスミウス）師によって起草された『貨幣の起源，本性，権利，改定に関する論考』はここから始まる。

序

　王や君主が自らの権威に基づいて，自然的ないし私的な権利を行使して自国内で流通している貨幣を自由に改定し，また同じ権利によって自身の意に沿って貨幣を整理し，またそこから利得，何らかの利益を引き出すことができるのは当然であると考える人もいるだろう。しかし逆の考え方をする人もいる。それゆえ，こうした〔貨幣にまつわる〕主題について，是非とも述べなければならないと思うことが私には多々あるので，それを，本稿では主としてアリストテレス哲学にしたがって[1]，貨幣の起源から説き

　　1）　本稿で典拠とするアリストテレスの作品は，主に『〔ニコマコス〕倫理学』と『政治学』である。いずれも該当箇所は全集版（岩波書店）に求めたが，慣例に従い，可能な限りベッカー版の頁数と行数を優先して示した。もちろん，14世紀にオレームが手元において参照した版は1260年代に翻訳されたラテン語版（の写本）だろうが，

起こし，順に述べていこうと思う。

　私がこれから述べようとすることはもちろん，古代人ならこの〔貨幣に関わる〕主題すべてに対して，真理を確定しようと意気込むかもしれない。そうした彼ら持ち前の正確さに従い，何ものも偶然に委ねることがないようにしようと思う。

　それゆえ誰もが一切のためらいを捨て，ただひとつの見解に同様に与することができるように，また君主にも，その臣下にも，あるいはまた国家全体にも，将来にわたって利益をもたらす話題であると思えるように，まず，ここで本論考の諸章を記しておく。

　（原書では以下に全26章の章題が列挙されるが，省略する。目次を参照）

第1章
貨幣はなぜ発明されたか

　至高の神が〔被造物を様々な〕種族に分かち，アダムの息子たちを別々に引き離した時[2]，諸民族の間には境界が設定された。人間は地上で増え続け，所有は然るべく分かち合った。ところがそれゆえに，ある財については自分が

それがベッカーが校訂した版と完璧に同じなのか，異なるとすれば，具体的にどこがどのように異なるか，訳者には不明である。ベッカー版に基づく邦訳版にはオレームの引用文に該当すると思われる文章を見いだせない場合があったが，それは，おそらく両者が使用した版の異同のゆえであろうと思われる。フランス国立図書館（BNF）は，オレームがフランス語に翻訳したアリストテレスの印刷本を所蔵している（本書第2部の解題を参照）。なお，岩波全集版の他にも，岩波文庫，京都大学出版会「西洋古典叢書」，光文社「古典新訳文庫」など，邦訳は数種類ある。
　2)　『申命記』32・8.

第 1 章　貨幣はなぜ発明されたか　　7

必要とする以上に持つ者もあれば，ほとんど，あるいは全く持たぬ者も生じた。また，それとは別の財については逆のことが〔生じた〕。ある者は沢山の羊を飼っているが，農民とは逆に，パンは欠けているということも生じた。同じようなことだが，ある所ではある財で溢れかえっているのに，別の財は乏しいということも〔生じた〕。そこで人々は貨幣がなくても取引を始めた。ある人は別の人に小麦と引き換えに一匹の羊を与え，また別の人はパンを，あるいは羊毛を求めて力仕事に応じ，また，別の人は，という具合に。ユスティヌス[3]が語ったように，長い時間が経つと〔このような物々交換は〕幾つかの都市では慣習となった。しかし，それでも財を〔直接に〕交換し，運搬するには多くの困難が生じた。自然の豊かさの中で，人間の必要にきちんと見合う現物を〔探し出し〕宛がう交換手段として，人間は貨幣の使用を思いつく程度の知性は持ち合わせていた。なるほど，手元の現金は人間の作った富と言える。アリストテレスがあの貪欲な王を例にとって示したように[4]，実際，豊富に資金を持つ者が餓死することも起こりうる。手に触れるものは何であれ，黄金になるようにと願ったあの貪欲な王，神々は彼の祈りを叶えてやり，そのために彼は飢えて死を招いたと詩人たちは語った。なぜなら生命の欲求に金銭は直接に応えることができないからである。金銭は，自然が作り出した富をいとも容易く交換するために，人の手で作り出された道具である。

　そして他にこれといった証拠もなしに明瞭に示される

　3）　マルクス・ユニアヌス・ユスティヌス Marcus Junianus Justinus（後 3 世紀ローマの歴史家）。彼が作成したトログス・ポンペイウス Trogus Pompeius（後 1 世紀）『フィリップ史』の縮約版からの引用と思われるが，未確認。
　4）　ミダス王の故事。『政治学』第 1 巻第 9 章 1257b14-15.（『アリストテレス全集』第 15 巻 25 頁，岩波書店，第 3 刷 1988 年）

第1部　ニコル・オレーム『貨幣論』

が，貨幣は良き市民社会にとって非常に有用であり，また
アリストテレスが『倫理学』第5巻で示したように[5]，国
家的使用〔という観点〕からすれば有用であり，さらには
必要でさえある。この点について，オウィディウスが「大
地から掘り出される資源は悪意ある人々を刺激し，毀損さ
れやすい鉄，鉄以上に毀損されやすい金がすでに生産され
ている，等々」と語っているにも拘らず[6]，このことは悪
しき人々の桁違いの貪欲に関しては確かな事実である。人
間の行う商取引にはまさに適切で，金銭それ自体の使い道
としては大変良いと言えるが，手持ちの資金そのものにつ
いては，必ずしもそうとは言えない。この点に関してカッ
シオドルスが「頻繁に使用される金銭も同様に軽蔑される
ように思われるとしても，古代人によって設置されたこと
に，どれほど重要な根拠があるか注目しなければならな
い」と言っている[7]。また彼は別のところでは，貨幣製造

---

5)　『倫理学』第5巻第5章で，貨幣を多様な財の価値を一元的
に測定し，比較を可能にする尺度と位置づけ，交換の前提として必須
とする（1233a20～34『ア全集』第13巻159-161頁）。

6)　プーブリクス・オウィディウス・ナーソ Publicus Ovidius
Naso（前43生‐後17/18没）。ウェルギリウス，ホラティウスととも
に，ローマ文化の黄金時代を築いた詩人の一人。アブルッツェの富裕
な騎士階級に生まれ，修辞学を学び，18歳でギリシアへ遊学。前19
年，24歳で『愛』を発表した。その後『愛の技巧』『転身譚』など多
くの作品を発表し，詩人としての名声を確立した。ローマ上流社会の
人々から多くの愛顧を受けたが，帝政を良しとせず，黒海西岸の漁港
都市トーミス（現ルーマニアのコンスタンツァ）に追放され，晩年を
過ごした。本文の引用は『転身譚』第1巻 v.140-142。本書の他の引
用元はほぼ『祭事歴』第1巻であり，引用箇所の確認には，ルーヴァ
ン・カトリック大学が編集・管理する Bibliotheca Classica Selecta を
利用した。

7)　マグヌス・アウレリウス・カッシオドルス・セナトル
Magnus Aurelius Cassiodorus Senator（485頃‐580頃）。カラブリアの
貴族の家系に生まれた。一族はヴァンダルの撃退（451頃），アティ
ラとの交渉（452）など代々政治史に名を残し，彼の父は490年代に

第 2 章　貨幣にはいかなる素材がよいか　　9

人は公共の使用のために特に創出された〔職業である〕ことは明らかである，とも言っている[8]。

第 2 章
貨幣にはいかなる素材がよいか

　貨幣は自然の富の交換手段であるから，前章で論じた通

東ゴートのテオドリック（455 頃生 -，王位 493-526）と関係を深め，503 年に歩兵大隊長（百人隊 6 個を指揮）に選出された。カッシオドルスはその父の諮問官を務め，ラヴェンナの宮廷でキャリアを積むことになる。523 年，ボエティウスの後任として，王テオドリックの諮問官筆頭となり，その書簡を代筆した。533 年から親衛隊長を務めるが，この頃に回心し，強い信仰を持つようになった。コンスタンティノープルからカラブリアに帰郷した 555 年以降に，同地にヴィヴァリウム修道院を創建。晩年はそこで著作に専念した。ヴィヴァリウムの修道士たちのために執筆した『創建記』，東ゴート王テオドリックの求めに応じて執筆した『ゴート史 12 巻』（現存せず），ヨセフスの『古代ユダヤ誌 22 巻』のラテン語訳などがあり，さらに多数の書簡を残している。彼の『書簡集』Variae 全 12 巻（合計 467 通）は『ゲルマン史料集成 MGH, 古作家の部 Auctores antiauissimi』第 12 巻に収録されている。現代語訳は英訳が 2 種ある。Henry Frowde による版（Oxford, 1886）と，M. Shane Bjornlie による版（University of California Press, 2019）である。前者は Thomas Hodhkin がその縮約版を作製した上で，Project Gutenberg EBook の一貫として Web 上で 2006 年 6 月 15 日から公開している https://ia802609.us. archive.org/31/items/thelettersofcass 18590gut/。なお全 12 巻の概要であるが，第 1 巻から第 5 巻まではすべてテオドリックの名で認めた書簡（計 235 通），第 6 巻と第 7 巻は計 72 通に上る何らかの書式を収録した書式集。第 8 巻と第 9 巻はアタラリックの名による書簡（計 58 通）で，第 10 巻は王妃アマラフリーダなど，王家の人々の名で執筆された書簡（35 通）を収め，第 11 巻と第 12 巻，この最後の 2 巻のみがカッシオドルス自身の名で作成された書簡（67 通）を収録している。本書の引用のほとんどは，この『書簡集』からである。この箇所は Variae, I-10-5.

　8)　Cassiodorus, *Variae*, V-39-8.

り，そのような手段はまさにぴったりの役割を果たすに適
したものでなければならない。つまり取り扱いが簡単で，
手に馴染み，持ち運びも容易，しかも〔この〕手段そのも
のを僅かに持てば，自然の富の膨大な量を持ったことにな
るもの。このことはもう少し先で見ることになる別の条件
ともうまく合致する。したがって貨幣は金のように貴重で
稀少な素材で製造されるべきである。しかしそのような素
材は〔稀少でありつつも，同時に〕十分な量がなければな
らない。だからこそ金が十分でない時は，銀で貨幣を製造
するが，金も銀もない，あるいは十分でない時は〔複数の
金属を〕混合するか，〔金でも銀でもない〕別の金属〔だ
けを使用して〕単一の貨幣を製造しなければならなかっ
た。そこでオウィディウスが『祭事歴』第 1 巻で「かつ
て人々は〔貨幣を〕銅で作っていたが，今では金で作るの
で，昔の貨幣は席巻されて新たな貨幣に席を譲った」と
語ったように[9]，昔は銅で製造することもあった。主は預
言者イザヤの口を借りて，「私は銅に替えて金を与えよう。
鉄に替えて銀を与えよう」と言われ[10]，このような変更を
約束された。なるほど，これらの金属は貨幣にするには最
適である。カッシオドルスが言うように[11]，スキチア（ス
キタイ）の王エアクスとインドゥスが或る貨幣には金を，
また別の貨幣には銀を，と〔二種類を〕最初に使い分け，
人々の使用に供するように熱心に奨励したと，人々は語っ
ている。このような経緯があるので，これらの金属を〔貨
幣製造とは〕別の用途に大量に使用してしまい，残った分
では貨幣製造に十分でない〔という事態に陥る〕ことを

---

9)　Ovidius, *Fasti*, I, v.219-222.

10)　『イザヤ』60・17「私は青銅の代わりに黄金を携え，黒鉄の
代わりに白金を携え，木の代わりに青銅を，石の代わりに鉄を携えて
きて，あなたの政を平和にし，あなたの司人を正しくする。」

11)　Cassiodorus, *Variae*, IV-34-3.

第3章貨幣の素材とその混合の多様性について　　11

認めてはならない。冷静に注目すべきは，イタリア王（東ゴート王）テオドリクスが命じたことだが[12]，習慣化したとはいえ，死者たちの墓所を掘り返して金銀を取り出し，それを貨幣に作り直して公共の用に供したことであろう。王は「生者の命を維持するものを利用せずに，死者の場所に眠らせておくのは一種の罪である」と言ったという。逆に，そのような素材が有り余るということも統治にとってはよろしくない。このような理由で，オウィディウスが述べたように，銅貨は使用されなくなった[13]。金銀は造幣には最適だが，人類にとって，それを豊富に所持するのは容易ならざるように，まさにそのために，錬金術では容易に作り出すことができないようにされているのかもしれない。それ〔＝錬金術〕を目指し，自然の営為を乗り越えようと無駄な努力を重ねる者たちもいるが，そのような人間たちに自然そのものは理路整然と対立する。この点については後で述べることにしよう。

第3章
貨幣の素材とその混合の多様性について

　第1章で述べたように，貨幣は商取引の手段である。社

　12）　東ゴート王テオドリック Theodoric 1 世（455 頃生 -，王位493-526）。父王ティウディミールが東ローマ皇帝との間に締結した和平の保証として，コンスタンティノープルに送られ，ローマ人のように養育され，高い教養を身に着けた。488 年，皇帝ゼノンにより，オドアケル討伐のためにイタリアに送られ，493 年にはミラノとパヴィアを中心とする北イタリアをほぼ制圧し，オドアケルが拠点としたラヴェンナを 3 年かけて陥落させた。テオドリックはローマの支配をほぼそのまま踏襲したが，ゴート族の慣習も残し，言わば二重社会を維持した。王の言葉としての引用は Cassiodorus ; *Variae*, IV-34-3.

　13）　Ovidius, *Fasti.* I, v.221-222.

12　　　　　第 1 部　ニコル・オレーム『貨幣論』

会的に，あるいは個人的に，商取引は大きなスケールで行
われるのがよい場合もあれば，ごく小規模が望ましい場合
もあるが，大抵は嵩張らず，少量〔の商品〕を扱うので，
高価な貨幣を所持していれば十分であった。持ち運ぶに
も，勘定するにも便利だったからであり，取引が〔いきな
り〕大型になっても対応できたからである。もちろん〔金
貨には〕及ばないが，白銀貨も同じように携えていなけれ
ばならない。低価格の商品購入や，然るべき清算や調整に
は適しているからである。地方によっては自然の富に比し
て銀が不十分な所もあり，また 1 リブラ[14]のパン，ないし
その程度の商品の支払いに充てる〔に適当な貨幣であり〕，
ごく僅かな銀では極端に小さく作ると手で扱うにはかえっ
て厄介になってしまうので，銀に〔質の〕劣る素材を混合
して，〔適当なサイズの〕貨幣を製造した。そこに少額購
入に宛てるには十分な黒銀貨の起源がある。このように銀
が十分には存在しない所でも，都合の良いことに，貨幣の
素材は三種類ある。第一に金，第二に銀，そして第三が合
金である。だが卑金属を使用して少額貨幣を製造すること
が習慣化していたのでなければ，原則として混合は決して
行うべきではないと言明すべきであり，この点を忘れては
ならない。例えば，金貨と白銀貨を有する限り，ともかく
金が本来の性質を維持して，無垢のまま貨幣に成型される
ように，決して金貨には混ぜ物をするべきではない。その
理由は，凡そこうした合金はそれ自体〔何で出来ている
か〕疑わしいので，金の実質も，合金に含まれる金の含有
量も容易には認定し難いからである。だからこそ，すでに
言及した場合を除いては，貨幣〔を製造する場合〕は如何
なる混合もしてはならないが，疑惑も欺瞞も非常に小さい
と言えるならば，〔その場合は〕最低の金属を利用して製

───────────
14)　ローマの重量単位としては 327 グラム。12 オンス。

造されるべきである。もう一度言おう。公共の用に供する
ためでなければ，この種の合金はいかなるものであっても
行うべきではない。それゆえ貨幣は当然ながら，先に述べ
たような[15]〔状態で〕発見され，使用される。しかし銀が
産出されるところで，金貨に〔何かを〕混合してみても，
共同体社会にとって，何の有用性もないのは明らかであ
る。〔そうした行為を〕善良な意図をもって行うとは思え
ないし，〔実際〕上手く統治されている共同体にあっては，
決して起こり得ないだろう。

第4章
貨幣の形態とデザインについて

　まず人間が貨幣を媒介として自然財を相互に比較し，商
取引を始めた時は，まだ〔貨幣には〕如何なる肖像も刻印
もなかった。人々は食料や飲料と引き換えに，重量で測っ
た銀や銅の一片を手渡していた。このように頻繁に天秤に
頼るのは面倒だが，そうかといって，〔天秤を使わなけれ
ば〕手元の金銭が商品ときちんと釣り合う重量ではないか
も知れず，〔計量を〕何度も繰り返さなければ，売り子は
金属構成や混合比を確認できないことにもなるので，〔い
ずれは〕一枚一枚の貨幣が所定の素材で，所定の重量で，
製造されることになり，〔実際〕一枚一枚の貨幣の素材の
品質と〔所定の〕重量との一致を万人に公的に告知するた
めに，また確実に，苦労もせずに貨幣の価値を認知できる
ようにするために，〔発行責任者の〕肖像を刻印すること
になろうと，昔の賢者はその知恵で予見した。素材と重量
が〔所定の基準に〕合致している証明として，このような

---

　15)　以下，第3章の最後の数行はフォー版では欠落している。

14　　　第1部　ニコル・オレーム『貨幣論』

刻印が捺されるように制定されたこと，これが貨幣の古名がその刻印や肖像で，それと見分けられるように私たちに示していることである。カッシオドルスが述べたように[16]，リブラ，デナリウス，オボルス，アス，セクストゥーラ[17]，等々，重量の名称が貨幣に付された場合のように。同様にして，スィクルス（シケル）は『創世記』にあるように重量単位の名称でもあれば，貨幣の名称でもある[18]。その他の貨幣の名称は〔重量単位には〕一致せず，偶々のもので，場所，肖像，その製造者，あるいはこういった類の何かに由来する。しかしながら硬貨と呼ばれる金属の小片は〔素手で〕取り扱われ，勘定されるに適当な形態と品質を備え，さらに分割可能で，展性があり，しかも刻印を捺すに適し，耐久性の高い素材でなければならない。したがってあらゆる貴重品が硬貨となるに相応しいわけではない。すでに述べたように，金銀とは逆に，例えば貴石，ラピス・ラズリ，胡椒などは本来的にそうした〔物的〕適性を備えていない。

---

16)　Cassiodorus, *Variae*, VII-32-3.

17)　ローマ帝政期には，1アウレウス金貨＝25デナリウス銀貨，1デナリウス＝4セステルティウス真鍮貨＝16アス青銅貨。アウグストゥス時代は金1リブラからアウレリウス金貨40枚，銀1リブラからデナリウス銀貨84枚だったが，ネロ時代に，それぞれ45枚，96枚に変更された。リブラが貨幣の単位名称としても使用されるようになるのは，8世紀，シャルルマーニュ（カール大帝）の時代からだが，貨幣を勘定する単位の名称（いわゆる計算貨幣）であり，「リブラ」という名称を持つ硬貨は製造されていない。

18)　『創世記』24・22および37・28。

第 5 章
貨幣は誰の責任で製造するのか

　かつては不正を回避するために，誰に対しても肖像なり
ロゴ・マークなりをその人の〔個人所有の〕金塊や銀塊に
刻印することは認められていなかったが，逆に，貨幣製造
と印璽による刻印は，この〔特定の〕仕事をするために社
会が委任した一人ないし数人の公人が行うように命じられ
た。なぜなら，すでに述べたように，貨幣はその本来の性
質ゆえに，社会的利益のために設定・創出されたものだか
らである。そして君主は最高の公人，最大の権威を持つ人
物であるから，彼こそが社会のために貨幣を製造させ，適
切な刻印を捺させる〔人物として〕好都合である。しかし
この刻印は精巧で，再現・偽造が困難でなければならな
い。同時に，誰であれ，外国の君主であろうとなかろう
と，良質のものか悪質なものか，一般民衆には区別できな
いくらいにデザインは同様だが，価値は低い貨幣を製造す
ることがないように，懲罰規定を設置した上で禁止しなけ
ればならない。これは悪しき行為であり，誰一人としてそ
の権限を詐取することはできない。なぜなら，それは虚偽
であり，外国人に対する正当な戦いの理由となるからであ
る。

第 6 章
貨幣そのものは誰に帰属するのか

　社会の用益のために，君主が貨幣一枚一枚に刻印を捺さ
なければならないとしても，それでもその君主邦内で流通

する貨幣の持主ないし所有者は彼自身ではない。第1章で論じた通り，貨幣は自然の富と等価な交換手段だからである。つまり貨幣はこの自然の富を所持する人々の財産である。なるほど，誰かが自分のパンなり，自分の肉体労働なりを与え，〔それと引き換えに〕現金を受け取るなら，その人が奴隷ではないという条件の下で，彼が自由に処分するパンや肉体労働が彼自身のものであるように，その金銭はその人が受け取った時から，その人に属するものになる。なるほど，『創世記』に語られているように，神は最初に所有の自由を君主だけに与えたわけではなく，遠い先祖にも，そのあらゆる子孫にも，〔等しく〕与えた[19]。したがって貨幣は君主だけに属する訳ではない。それでも誰かこの点に異議を唱えようとするなら，人々がある硬貨を我らの救い主に見せたところ，主は「この図案，この銘は誰のものか」と疑問を呈した。人々は「カエサルのもの」と答えた。すると主は「それならば，カエサルのものはカエサルに，神のものは神に返せ」と告げられた[20]。あたかも主が述べられたかのように，この製造されたコインはカエサルに帰す。なぜならこのコインにはカエサルの肖像が捺されているから。しかし『福音書』の論理を学ぶ者には容易に思えるが，金銭はカエサルの肖像が刻印されているから，カエサルに属すと言われたのではなく，これは〔問題が〕租税だからである。実際，使徒が語ったように，「租税はそれが帰すべき者に帰し，賦課はそれが帰すべき者に帰す」[21]。このようにキリストは示され，そのおかげで，人々は租税が誰に属すのか知ることができた。すなわち国家的理由のために，貨幣を製造する国家のために戦

---

19) 『創世記』1・28。
20) 『マタイによる福音書』22・20-22。
21) 『ローマ人への手紙』13・7.

う者に，である。したがって，アリストテレスが『政治学』第7巻で[22]，またキケローがその古い『修辞学』の終わり近くで述べたように，現金は共同体社会に，個々人に属す[23]。

第7章
貨幣の製造は誰が負担するのか

　貨幣は共同体社会に帰属するものである以上，社会の負担で製造されなければならない。この〔考え方〕は都合がよい。〔と言うのは〕共同体全体にこのタイプの費用を分散させると，人が造幣に回す，ないし貨幣〔製造〕と引き換えに売却する金のような貨幣素材の場合，〔新貨による〕手持ち資金の増加分は〔元の〕素材から固定した割合で製造する枚数よりも少なくなるからである。たとえば，銀1マールからソリドゥス白銀貨を62枚製造する〔と定められている〕なら，そのうち製造に必要な労働と諸経費〔として〕2ソリドゥスを差し引くと，貨幣に加工する前の銀塊1マールは60ソリドゥスの価値があり，加えて2ソリ

---

22)　第8章1328b10『ア全集』第15巻295頁および第9章1329a19, 297頁「財産もこれらの人々のもとになくてはならない」。

23)　「古い『修辞学』」とは『発想論』のこと。オレームの時代（14世紀）には『ヘレンニウスに与える修辞学』はキケローの作と見なされていた。この点に関しては，G. デュビィ『中世ヨーロッパの社会秩序』（知泉書館，2023年）447頁，脚注40を参照。本文の引用は『発想論』第2巻第56章「外在的な利益も大半は，身体の快へと帰着する。例えば，政治の世界でも，農地，港湾，金銭，艦船，船員，兵隊，同盟軍などは，共同体の身体とも言えるものに関わるものである」。『キケロー選集』第6巻146頁（岩波書店，2000年）。この一節を念頭においているのだろうか。本文に正確に対応する一節は見当たらなかった。

18　　　第 1 部　ニコル・オレーム『貨幣論』

ドゥスが造幣費用となるという勘定方法を採ることになる
からである。他方，この所定の取り分は常に貨幣の製造費
用をほぼカバーするには十分でなければならない。もし貨
幣がより少額で製造可能なら，差引残高は頒布者か下命
者，つまり君主か造幣所長に渡され，一種の年金として設
定するのが適当だろう。しかし，それでも，もう少し先で
説明するが，貨幣が現在の負債に対して十分であるなら，
この取り分は適切で十分に小さな額でなければならない。
もしその取り分，あるいは年金がいささか過剰であるな
ら，それは誰にも簡単に分かるだろうが，共同体社会全体
の出費ないし損失となろう。

第 8 章
貨幣の改定全般について

　何よりもまず，共同体社会に関わる古くからの法，政
令，慣習，何らかの王令は明確な必要がなければ，決して
改定してはならないということを理解しておくべきであ
る。アリストテレスの『政治学』第 2 巻によると，確立
した古法は，新たな法によって——それがより良き法であ
るとしても，よほど明瞭に異なる長所があるのでなければ
——廃棄してはならない[24]。なぜならこの種の変更はこう
した法の権威と〔法に対する〕敬意を貶めることになり，
それが度重なれば，なおさらである。そこから，実際に民
衆の反意と不満が生れ，不服従の恐れが生じる。もしこの
ような改定が悪しき方向に向かうなら，何とも耐えがた
く，不当なものとなろうから，なおのこと。したがって貨

_____

　24）　第 8 章 1269a14 および 23『ア全集』第 15 巻 69-70 頁「法
律を軽々しく廃棄する習慣をつけるのは悪いことである」。

幣の王国内の流通価値と価格はいわば一種の法規であり，定まった王令であることは今や確実である。年金と何種類かの年収は現金の額で，つまり何リブラ，何ソリドゥスと表現される。そのために，偶々，この点に関する必要性が明らかである，あるいは共同体社会全体にとって議論の余地なく有用であるという場合を除いては，貨幣の改定は決して行ってはならないと言える。この件に関して，アリストテレスは『倫理学』第5巻で，硬貨は「確かにいっそうの存続を望むものだ」と述べている[25]。それでも，人々は貨幣が様々な形で（一般的には〔良いと〕判断できることのために）改定されうると想像できる。まず〔第1に〕形態，ないし正確に言えば，デザインの変更であり，また〔第2に〕貨幣間の比率の変更であり，あるいは〔第3に〕価格ないし名目値の変更，さらにまた〔第4に〕品質や重量の変更，〔第5に〕素材そのものの変更である。これら五項目のうち，ひとつずつでも，一度に幾つかでも，どのようなやり方であっても，ともかく変更することは可能である。したがって，これらの変更を一つ一つ見直し，いずれのやり方なら貨幣を正当に改定しうるか，またそれをいつ，誰が，どのようにして，なぜ〔変更する〕のか，明示し，問いかけるのが良いと思う。

第9章
貨幣デザインの改定について

　貨幣に捺された肖像デザイン，あるいはその印は二通りのやり方で改定しうる。第一に，君主が既存の貨幣の流通

　25）　第5章 1133b14-15『ア全集』第13巻 160-161頁「貨幣は他の物品より，いっそういつまでも変わらないものであろうとする」。

20 　　　　第1部　ニコル・オレーム『貨幣論』

を禁止せずに，常に既存貨幣の流通を公認しつつ，自身と
同時代の〔新〕貨幣に自身の名を刻印するようなやり方
で。これは厳密にいえば改定でもなく，その改定に頼る濫
用でもない，〔もし〕そこに別の変更が混在しているので
なければ。デザインは第二のやり方で改定しうる。古い貨
幣の流通を禁止して新たな貨幣を製造する，これが本来の
改定であり，以下に述べる二つの理由の何れかに正当性が
あれば，実施しうる。ひとつは，外国人の君主，あるいは
贋金づくりが貨幣の鋳型か刻印かを奸計をもって再現ない
し偽造し，その偽造された贋金が王国内で発見され，しか
も色合いもデザインも〔正規の〕良貨とよく似ている場
合，その場合は，〔この事態を切り抜けるために〕別の打
開策を適用しても，うまく行きそうもなければ，君主は貨
幣の刻印の鋳型やデザインを改定する準備を重ねることに
なろう。もうひとつの理由としては，ある古い貨幣がその
価値をあまりにも下落させ，また重量を削減させた場合を
挙げることができよう。その場合は，そのような貨幣の流
通を禁止しなければならず，一般人が良貨と悪貨を容易に
判別できるようにするために，より品位の高い新貨幣には
〔以前のものとは〕異なる刻印を捺さなければならないだ
ろう[26]。だが，これら二つの理由の何れかがなくては，君

---

26)　1302 年に発行された弱銀貨では，銘「トゥール市
TVRONVS ＊ CIVIS」の「O オー」の中空部分が細長い一本の溝のよ
うに見え，その分，左右の盛り上がった部分は中央付近が幅広になっ
ている。これを「長いオー O」と言う。これに対し，以前から発行さ
れてきた強銀貨の場合は，「O」の中空部分も丸く，左右の盛り上が
りの幅も均一で，ドーナツ状をなしている。これを「丸いオー O」と
言う（本書第3部第1章の図版を参照）。この書体の相違はシャルル
6 世期まで続き，銀貨の強弱を区別する明瞭な指標であった。オレー
ムの記述はこれを念頭に置いたものと思われる。Cf., Belaubre, Jean ;
*Histoire numismatique et monétaire de la France médiévale, de la période
carolingienne à Charles VIII* ; Paris, 1986. pp.76-80, p.137.

主が古い貨幣の流通を禁止できるとは思えない。さもなければ，実際，そのような改定は共同体社会にとっては無益，スキャンダル，悪しきものであるし，君主がそのような改定〔実施〕に辿り着くとは思えない。二つの理由のうちの何れかのために，というのでなければ，おそらく，君主は何らかの硬貨に自身の名か何かを刻印しようと望むだろうが，このことは彼が先達に対する尊敬の念を欠き，空虚な野心を示すことになろう。さもなければ，おそらく君主はさらに多くの貨幣を製造し，それによって，いっそうの利益を引き出そうと欲する〔だろう〕。これは，すでに第7章で述べたことだが，邪悪な貪欲〔から生じたもの〕であり，共同体全体に損害を与え，〔成員に〕散財させることになろう。

第10章
貨幣間比率の改定について

比率とはあるものの別のものに対する比較ないし慣習化した関係のことである。ちょうど金貨と白銀貨の間に価値と価格が固定し，慣習化した関係があるべきように。実際，金は，本来，銀に比べると，より貴重，より稀少であるから，発見し所有することがより困難であり，重量が等しければ，金は固定比率つまり1対20の割合で銀に勝るはずであり，したがって金1リブラは銀20リブラに相当し，金1マールは銀20マールに，金1オンスは銀20オンスに，という具合になる。もちろん，他の比率，たとえば25対3とか，他のどのような比率でも可能である。しかしながら，このような比率は自然のままの〔加工以前の〕金と銀との間に存在する価値の比率に沿ったものでなければならず，その自然状態に従って比率を設定すべきで

あり，恣意的に変更することは許されない。合理的理由が
なければ，不正なしに改定され得ない。素材そのものに起
因する変動は，事実〔ないことはないが〕，それでも，ご
く稀にしか起こらない。そこで，偶々，金が以前よりも明
らかに少なくなったと気付いたとすれば，金は銀に比して
より高価になったはずであり，価格も価値も違っていただ
ろう。物事にほとんどあるいは全く変化がないなら，それ
なら，変更することは，どのようなものであっても，君主
には認められない。実際，君主が勝手にこの比率を変えて
しまうと，彼は臣民の手持ち資金を不当に自分の許に引き
寄せることができよう。金の価格を低く設定し，その〔安
価な〕金を銀で購入し，価格を引き上げてから，金ないし
金貨を売却する。また銀に対しても〔今，金に対して行っ
た操作と全く〕同様のことをする。これは王国内の全小麦
の価格を固定してから購入し，然る後，価格を引き上げて
売却することと同じ〔結果〕になろう。もちろん，これが
不当な徴税に当たることは誰の目にも明らかであり，まさ
に僭主政治である。実際，エジプトのファラオが行ったよ
りもずっと専制的で，酷いと思われる。この点に関しては
「ヨセフは恐ろしい飢饉に直面した時，小麦価格を固定し
てから購入する許可を与えたので，〔そのために〕餓死寸
前の民衆は食料を取引するよりも，むしろ身売りして彼の
隷属民となったと聞いている」と，カッシオドルスは述べ
ている[27]。私は問う。その当時，この過酷な救済によって
自由を奪われてしまうのを目にするとは，こうした人々の
悲惨な生活とはいったいどのようなものだったのかと。自
由人の呻き声も虜囚の涙に劣らぬほどの所で，貪欲な君主

---

27) Cassiodorus, *Variae*, XII-28-7. ヨセフが豊作時に小麦を貯え，
飢饉に見舞われた時にそれを販売したという故事は『創世記』41・
56-57 にも記載される。

第 10 章　貨幣間比率の改定　　　　23

を満足させる必要と，同時に危機に陥った民衆を救出する必要と，二つの必要の間で聖人は板挟みになったと私は信じる。これがカッシオドルスの述べたことである。

　しかしこの貨幣の独占は，共同体社会の意向に合致せず，無益で，絶対に有害であれば，あるほど，いっそう暴力的であろう。小麦と貨幣は同じではないと言う者もあろう。なぜなら，それらに自ら納得の行く価格を設定することができる君主に特に関わる問題だから，塩に関して言うことができるように，貨幣に関してはなおさらである。それでもこうした独占は，塩税のように，あるいは共同体社会に必要なすべてに関して言えるように，不当である。法を発布する君主はその特権を自らに帰属させるが，主は預言者イザヤの口を借りて言われた。「不公正な法を布告し，不正を書いた，書いている者たちは呪われよ」と[28]。逆に，第 1 章と第 6 章で扱ったことだが，現金は共同体社会全体に帰属する。だからこそ，本章で扱った貨幣間の比率を変更するための理由を，君主が狡猾にも思いつくことがないようにするために，いつ，どのようにして，どの程度までこの比率を改定しなければならないか，あるいはそもそも改定しなければならないのかどうかを決定するのは，ひたすら共同体社会だけに帰着する権利であり，君主はどのようなやり方であれ，自身の利益のためにその権利を簒奪してはならない。

　28）『イザヤ』10・1「災いなるかな，不義の判決を下す者，暴虐の宣告を書き記す者」

第 11 章
貨幣名目値の改定（デノミネーション）について

　第 4 章で述べたように，幾つかの硬貨の呼称・名称は偶々のものであり，その貨幣の創始者や製造場所に因むものであり，この点に論点として見るべきものは全くないと言ってよい。しかし硬貨の根本に基づく別タイプの名称もある。たとえば，デナリウス，ソリドゥス，リブラなどは価格ないし重量を示唆し，古代人が十分に考察を重ねた後に与えた名称であるが，大きな謎に包まれている。この点についてカッシオドルスは，昔の人々が現金を蓄えた大きな理由に着目しなければならないと述べている[29]。「太陽のように黄金に光り輝く金属に，彼らは丸い形状を与えて，この世界の年齢をうまく包み込むことができるように，1 ソリドゥスが 6,000 デナリウスにするのが良いと望んでいた。なるほど，6 進法〔体系〕のオンスは（知恵ある古代人は完璧というに値する決定をした）秤の下位単位名であり，その呼び名は〔暦の〕月々を連想させ，一か月の 12 倍は 1 年になるから，1 オンスは 12 倍すると，位が一段上がって 1 リブラになる。賢者の発明！　先見の明！物事は洗練され，人間が必要とするものを区別するとともに，その形の中に自然の不思議を沢山含んでいる。したがって，物事について長い考察を重ねて検証されたものはリブラという名に値する」。カッシオドルスはこのように語っている。もし，今，これらのコインやこれらの名目を別様に使用するとしたら，〔そのような〕改定は決して理由もなく行ってはならない。たとえば，ここに三種類のコイン

---

[29]　Cassiodorus, *Variae*, I-10-15~16.

第11章　貨幣名目値の改定　　25

があるとしよう。第1のコインは1デナリウス，2枚目の
コインは1ソリドゥス，3枚目は1リブラである。さて，
そのうちの1枚だけ名目を変えて，他2枚は変えないと
すると，〔貨幣間の〕比率はそれだけで変更されたことに
なる。最初のコインを2デナリウスと呼ぶことにする，な
いしその価値があるとし，他は変えないとするなら，比率
が変わったことになる。（前章で扱ったように），ごく稀に
は認められるにしても，今まさに私は実施を禁じられて来
たことを案じている訳ではない。したがって，もし比率が
変更されないままであるなら，つまりコインがその名目を
変更し，〔それに応じて〕他のコインも等しい比率で変更
されるなら，その結果として，第1のコインは2デナリウ
ス，2つ目のコインは2ソリドゥス，そして3つ目は2リ
ブラという名目値になろう。もし他には変更を加えないと
すれば，〔コインの名目値変更に〕比例して引き上げられ
た価格に商品を合わせる，ないし言い換えるのが適当にな
ろう。しかしこのような名目値変更が理由もなく実施され
ることもあろうが，〔普通は〕行ってはならない。なぜな
らこれはスキャンダルで，詐称だからである。実際，〔名
目値を変更したコインは〕リブラと称するとしても，実際
には1リブラではなかろう。すでに述べた通り，これは
不適切である。それでも，年金も収入も現金の額面で固定
されていない限り，他には何ら不適当なことは生じないだ
ろうが，何かあるとすれば，それはすぐに現れるだろう。
すでに説明した不都合とともに，この種の現金収入はこの
ような〔貨幣の〕変更に比例して，目減りする，あるいは
〔貨幣の名目値変更が逆方向であれば〕理由もなく，不当
に増加する，そして非常に多くの人々に損害を及ぼすこと
さえ見られるだろう。年金と収入があまりに減少すると，
〔誰にも〕損失を与えず，悪意も含まない特別措置を講じ
て引き上げなければならなくなろう。それゆえ，名目値の

改定は決して行ってはならない，特に君主はそれを意図することさえ絶対にしてはならない。

第 12 章
貨幣重量の改定について

　もしコインの重量を改定するなら，またこの改定に応じて〔コインの〕価格も，同様に名目値も，肖像デザインも，併せて改定するなら，新貨を製造するも同然になろう。こうして，1 デナリウスから 2 オボルスを作る，あるいは同様のことを損失もなく，利得も得ずに行う。実際，貨幣素材に加えられた何らかの変更に従って，時にはこうした適法な変更も生じうるが，それは第 10 章で異なるタイプの改定について述べたように，極めて稀である。ここでは貨幣の名目や価格は変更せず，そのままにして，重量ないし嵩だけを変更する場合を扱おう。このような単純な変更は，私には違法と思われる。特に，それが不実でも不正でもなしに，どうやっても〔正当に〕実施できない君主の場合に。何よりもまず，君主が製造した貨幣には，その重量の正確さと素材の品位を示すために，彼の肖像と銘が刻印されているからである。これは第 4 章で述べた通り。したがって重量が真正でないなら，これは軽蔑すべき虚偽行為，人を騙す誤魔化しであるとすぐに明らかになる。なるほど，小麦やワインの秤には公的な御璽が捺されていることもしばしばあり，もし誰か違法行為で断罪されることになれば，その者は贋造者として巷間に知れ渡ることになる。同様にして，製造された貨幣に捺された刻印は重量の適正と素材の〔公表値との〕合致を示唆する。とりわけ君主がその刻印を変えずに重量を削減することはどれほどの不正であり，どれほど唾棄すべきことなのか，いったい誰

第 12 章　貨幣重量の改定　　27

が批判できるだろう。これが，この点に関して，カッシオ
ドルスが『書簡集』第 5 巻で述べたことだが[30]，「天秤を使
用してさえも，正確さを欺くことを許してしまうほど犯罪
的な〔出来事〕とはいったい何か。すなわち正義に固有と
して与えられたものが欺瞞によって背徳に堕ちていったと
理解される。(同書第 1 巻第 10 通では，「したがって，その
ような不思議を暴き，非常にきちんとしていた事態を混乱に
陥れようとするのは，真実そのものの残忍で恥ずべき毀損で
あると言えないだろうか。商人なら〔自分が行っている〕取
引にいたたまれぬ思いを味わうだろう。彼らはずっと低い価
格で販売していた商品を〔今では〕遥かに高い価格で購入
することになってしまうだろう。〔一般の〕人々には重量も
〔種々の〕測定値も本当らしく見えるだろう。公明正大が不
正行為に紛れてしまうなら，すべてが混乱に陥ってしまうだ
ろう。もし汝が誰よりも強い〔権限を持っている〕のなら，
1 ソリドゥスを与え，それ〔と等しい価値のもの〕を〔汝の
力で〕取り戻すがよい。1 リブラを投じ，そこから何かを
〔手にすればよい〕，もし汝にできるなら〔やって見たまえ〕。
全て〔の物事〕はその本来の名で呼ばなければならない。汝
は一度に全額を支払うか，あるいは請求額を〔すぐには〕支
払わないか。きっと汝には出来ぬだろう。欠ける所のない満
ち足りたものに，汝は〔相応しい〕名を与えることはできず，

---

30)　*Variae*, V-39-5. この第 39 通は非常に長く，多くの内容を含
むが，その中に，固定資産税の徴収官が，会計官が保管する標準計量
秤を使用せず，不正な秤を使用した旨の記述がある。また造幣所の係
官が造幣業務から横領した旨の記載もあるので，おそらくオレームは
この書簡を利用したと推測される。第 5 巻は税の徴収，運搬に関する
問い合わせ，報告，確認などを主たる内容とする書簡が多く収録され
ている。上記本文中の引用の直後に，かっこで括った一文で，カッシ
オドルス自身が引用箇所を提示しているが，この第 1 巻の第 10 通は
内容が異なり，対応するのは，本稿の第 11 章の「太陽の様に黄金に
輝く…」の一節である（脚注 29）。オレームの勘違いではないか。

28　　　　第1部　ニコル・オレーム『貨幣論』

悪質な削減を達成するだろう[31]。」）このようにすると，君主は等しく他者の貯蓄を奪い取ることもできるだろうが，彼が何らかの理由で，このように〔貨幣の〕本性を変更するようにと促されることはあり得ない。したがって彼は適正な重量を持つ貨幣を維持してきたのであり，そうしたコインから幾分か引き出し，重量を削減した後で，流通に投入することも〔しようと思えば〕できたであろうが。これは聖書の多くの箇所で神が禁じたことに他ならない。かくして賢者は語った，「二つの重量，二つの計量，どちらも神の嫌悪するものである」と[32]。『申命記』には「主はそれを成す者を嫌う」とある[33]。それゆえ，持主の不幸と引き換えに集められた富は，すぐに散逸する。なぜなら，キケローが述べたように，「悪しく取得された財産は悪しく消費されるだろう」と[34]。

---

　　31)　この一節が何を言おうとしているのか不明。完璧と不全，充溢と不足，優良と劣悪といった対立概念を示して，物事にはそれぞれ相応しい名称がある。貨幣の品位変更のような，一般には分かりにくい専門的な知識を必要とする措置を取る場合に，特殊用語を盾にとって，黒を白と言いくるめるような欺瞞的行為をするのは恥ずべきであると非難しているのか。

　　32)　『箴言』20・10。「賢者」とはソロモンのこと。

　　33)　『申命記』25・13-16.

　　34)　Cicero; *Philippicae*, II-65. この作品はカエサルの後継者を自認するアントニウス弾劾のために，前44年から43年にかけて，キケローが元老院で行った14回に上る連続演説のことである。キケローは自身が敬愛するディオゲネスが，前351年から341年，侵略を進めるマケドニアのフィリップ2世に対抗すべく，アテネ市民を鼓舞するために行った4回の演説『反フィリップ *katà Philippou*』に準えて言う。しかしキケローはこの連続演説のために，前43年12月7日，自身が暗殺された。

第13章
貨幣素材の変更・改定について

　第3章で扱ったように，打ち出し製法の硬貨の素材は
単一であることも，混合されていることもある。単一であ
るなら，不十分な場合にはそれを破棄することもありえ，
したがって，もはや〔少しも〕あるいは十分には，金を発
見できないというなら，造幣を停止するのが適切である。
もし十分な量を再発見できたら，その時は再開しなければ
ならないが，これは別に珍しい事態ではない。逆に，何ら
かの素材が有り余るほど大量にある場合は，それを造幣に
回すことを停止すべきであろう。なるほど，これが銅貨が
使用されなくなった理由だが，このことも第3章で述べ
た通りである。ただし，このような事は極めて稀にしか起
こらない。大抵の場合は，純粋単一の貨幣素材は放棄すべ
きではなく，改めて採用することになろう。他方，貨幣の
素材が合金なら，（やはり第3章で述べたが）それ自体で貨
幣になるが，貴重さの劣る金属を使用せざるを得ないか
ら，したがってこのことから〔逆に〕黒銀貨にも貴金属が
混合されていると認識できる。こうしてこの合金は固定し
た比率で造られる。たとえば，銀10に対して別の金属が
1あるいは3というように，どのような割合でも構わない
が，然るべきように。これも以前に第3章で述べたこと。
この割合は素材，およびその等価物の本性から現実の何ら
かの比率ないし偏差の幅に応じて変更しうるもので，〔変
更の理由は〕二通り〔考えることができる〕。まず素材の
不足。銀の消滅ないし以前に比して顕著な減少が見込まれ
るといったケース。この場合は，黒銀貨が含む銀を，混合
する卑金属に対して，削減することができる。今ひとつ

は，〔逆に〕以前よりも銀が豊富になったケース。この場合は，合金に，より多くの銀を混ぜなければならない。ただ，いずれのケースも，既述の通り，極めて稀にしか生じない。仮に生じたとすれば，悪意ある詐欺を回避し，高度な安全を保つために，共同体社会によって混合比ないし混合そのものの変更が実施されるべきである。これは第10章で貨幣間の比率に関して述べた通りである。それ以外の場合には，合金も〔その〕混合比も変更してはならない。この疑問に対する直接の回答となる理由は，前章で明言したように，貨幣の刻印とは素材そのものと合金の〔混合比の〕真正証明の印なのだから，君主にも，政治家にも，決してそうした〔勝手な変更の〕実施を認めることはできないということである。加えて，神の名，聖人の名，さらには十字の印を刻印した貨幣も幾つかある。これは素材と重量の真正性を証明すべく，古くから認められ，確立してきたものである。それゆえ，君主がこの刻印を維持したうえで，素材や重量を改変するなら，暗黙のうちに虚言と偽宣〔の罪〕を犯し，偽証〔罪〕を構成し，「神の名をみだりに取り上げてはならない」[35] という掟の破戒者になり，さらに彼は貨幣の名称を濫用していると思われる。なるほど，フゴティウス（ウグッチョ）によれば，「貨幣（モネータ）」という語は「私は忠告する（モネオー）」に由来する[36]。なぜなら〔素材の〕金属にも重量にも嘘偽りはないと忠告す

---

35) 『出エジプト記』20・7.

36) ウグッチョ・ダ・ピーサ Huguccio da Pisa（1140頃-1210）。ボローニャで活躍した教会法学者。1180年代に『グラティアヌス教令集要約』を執筆し，1190年フェラーラ司教に就任した。別に『語源書』も執筆したので，本文で言及される「貨幣」の語源については，どちらかで言及されていると理解される。なお，W. ミュラーは，グラティアヌスを研究し，後にフェラーラ司教になった教会法学者と，『語源書』を執筆した文法学者は同名だが別人という新解釈を提起している（1994年）。

るからであるという。逆に，君主はこのようにして民衆の
糧を不当に自分に引き寄せることができる。ちょうど前章
で重量変更に関して述べたように。そして他にも多くの不
都合が続く。しかしこの欺瞞は隠微で認知されにくく，し
かも共同体社会に損害を与え，傷つけやすいので，確かに
重量の変更よりも悪質であろう。まさにそれゆえ，このよ
うな合金と黒銀貨を製造する所では，共同体社会は，その
社会内の一か所ないし数箇所の公共の場に，この比率，つ
まり合金の品位のサンプルを保管しなければならない。君
主（そんな欺瞞は慎むように！）ないし造幣人が隠れて合
金を偽らないように，はっきりさせるため，そのような危
険を回避するためである。同様に共同体社会内で他の計測
器も度々使用されているなら，その見本も〔保管・展示さ
れるべきである〕。

第14章
貨幣の多項目改定について

　貨幣間の比率，素材の混合，さらに重量を同時に変更す
るというように，多数の単項目改定を組み合わせる時，貨
幣の改定は複合的なものになる。これまで示してきた個別
の変更・改定を幾つも組み合わせることは可能だろう。既
述のように，極めて稀にしか生じない実際的で自然な理由
がないのなら，如何なる改定も行うべきではないので，し
たがってさらに稀，ほとんど起こり得ないが，貨幣の多項
目同時改定を本当に実施する場合もないわけではないと理
解すべきであろう。仮にそうした事態が生じたら，個々の
項目の改定より，遥かに強い理由がなければ，この多項目
改定は，すでに言及した危険と不都合があるから，共同体
社会そのもの〔の意向〕によるのではなく，君主〔の判

断〕によるのであれば，決して行ってはならない。不当に行われた個別の改定から，すでに述べたように，かくも多くの濫用が帰結するのであれば，多項目同時改定からは，さらに大規模で，さらにひどい事態が発生することだろう。実際，貨幣はその実体においても，重量においても真正で正確でなければならない。聖書が語っていること，つまりアブラハムは良質とされる公定通貨として銀 400 シケルを支払って，畑地を購入したと[37]。したがって貨幣が良質で，不当に改変されていないなら，〔そのような貨幣は〕長く続くだろうから，大量に製造することも，共同体の費用で多数の造幣人〔の雇用〕を維持することも必要なかろう。ここに第 7 章で述べたように，共通の有用性が存する。このような前提から一般的結論を導出しなければならない。すなわち，単純なものであれ，複合的なものであれ，貨幣の如何なる改定も君主の権威だけに基づいて行ってはならない。そのような改定から利得なり利益なりを引き出すために実施しようと欲する場合はなおさらである。

第 15 章
君主が貨幣の改定から利益を引き出すことは不当であることについて

　君主が貨幣改定の権利を掌握する重要かつ決定的な理由は，改定によって利得ないし利益を引き出すことができるからだと思われる。さもなければ，実際に，これほど頻繁に，これほど大掛かりに無駄な改定を繰り返すことは彼にとっても不要であろう[38]。そこで，そのような利益を上げ

37）『創世記』23・16。
38）　オレームの時代，つまり 14 世紀には貨幣改定が頻繁に実施

第 15 章　貨幣改定の利益は不当　　33

ることは不正であることをさらに完全な形で示しておこう
と思う。確かに，先に言及した極めて稀な場合を除いて
は，貨幣のあらゆる改定は虚偽や欺瞞を含み，以前にも述
べた通り，君主に見返りをもたらすことはない。君主がこ
の不正な物事そのものを不当に利用した瞬間から，君主が
そこから正当な利益を引き出すことは不可能になる。それ
どころか，君主が利益を引き出すほど，共同体が損失を被
るのは必然的となる。アリストテレスも言うように[39]，君
主がなしたことで共同体の損失となってしまうことはすべ
て不正であり，彼を王でなく，僭主にしてしまう。僭主が
虚言を弄するのは習性のようなものである。私の利得は公
共の用に転じるから，と君主が言っても，〔そんな彼の言
い分を〕認めてはならない。ともかく，同じ理屈で，共有
財として必要なのだという口実の下，彼は私の衣服を奪い
取ることさえできるだろう。使徒の言によれば，善を生み
出すために悪を成すことはない[40]。ゆえに，何ものも，そ
れが悪しき用途に宛てられると予想されるために，不誠実
に奪い取ってはならない。他方で，もし法に従って，君主
が貨幣にひとつ変更を加え，それによって何らかの利得を
手にするなら，同じ理屈で，大きく変更すれば，大きな利
得を得ることになり，頻繁に変更を繰り返せば，〔その度
に〕いっそうの利得を手にし，先に説明したやり方をすれ
ば，ひとつの項目だけの改定でも，幾つか組み合わせた改
定でも，絶えず利得を増加させることになろう。いかにも
真実と見えることは彼自身であれ，彼の後継者であれ，彼
ら〔の行為〕であれ，あるいは彼の諮問官〔の意見〕で
あれ，人々が彼に許可を与えるや否や，彼は即座に取り掛

されたが，その詳細は本書第 3 部を参照。
　　39)　『政治学』第 5 巻第 10 章（1310 b 40-1311a1）『ア全集』第
15 巻 229 頁。
　　40)　『ローマ人への手紙』3・8.

かるであろう。人間の本性とは、まさに本性上、容易に可能な場合には、自身の富を増加させようとする傾向を持つ。そして君主は最後にはその臣下の現金も自然の富もほぼ全てを自分の許に引き寄せ、彼らを奴隷に落とすこともできるだろう。これは僭主制、真正の完璧な僭主制、から直接に生じる事態であり、古代の哲学者や歴史家の目には明らかであった。

第 16 章
貨幣の改定に利得を求めるのは
自然に反することについて

　あらゆる不正は何らかの意味で自然に反しているが、それでも貨幣の改定から利益を引き出すことは特に不当で自然に悖る。なるほど、何らかの自然の富が増殖していくのは自然である。穀物の種籾はひとたび蒔かれれば、オウィディウスが言うように[41]、どの畑でも大きな収穫をもたらす。だが実を結ばぬはずのものが実を結ぶなら、化け物じみていて、自然に反している。現金のように根本的に不毛なものが子を成し、独りでに増殖すること、つまりこの現金が利得をもたらすのだから、自然の富との交換という、その本性に適し、合致する使い道に投じられていないのに、その核心を変革してしまい、貨幣を何か別のものに変えてしまう、あるいは〔実際には何もしていないのに、あたかも〕貨幣を流通に〔あるいは事業に〕投じたかのようにして、手にする利得は忌まわしく、自然に反するもので

　41）　Ovidius, *Ex Ponto (Les Pontiques)*, I, 5° épître v.26.『架け橋の向こうから』全4巻は追放先のトーミスから親友に宛てた書簡詩（計46通）。

第 16 章 貨幣改定の利得は自然に反する　　35

ある。これが，利子は自然に反すると証明しようとして，
アリストテレスが『政治学』第 1 巻で議論を進めた理屈
である[42]。なぜなら貨幣の自然な使用は，何度も述べたよ
うに，自然の富との交換手段であり，他の使い方をする
者は貨幣の自然な制度に照らして，悪意ある使い方をして
いることになる。アリストテレスも言うように，デナリウ
スがデナリウスを生み出すようにするとは自然に反するこ
となのである[43]。さらに，こうした利得を引き出す貨幣改
定では，本当はデナリウスでないものをデナリウスと，リ
ブラではないものをリブラと，以下，すでに述べた通りだ
が，呼ばなければならなくなる。これは自然の秩序と理屈
の紊乱に他ならないことも明瞭である。カッシオドルスが
言うところでは[44]，「汝が最強の〔権力〕者ならば，本当に
1 ソリドゥスを与え，〔その後〕それを取り戻せ。汝にで
きるなら，1 リブラを流通に投じてから，その価値を減じ
てみよ。あらゆる物事はその固有の名で呼ばなければなら
ず，全体は支払い済みか，それとも請求されたことをまだ
清算していないのか。汝らは手付かずの物事そのままに名
を与え，悪を切捨てることに専念していない。自然の神秘
を破壊し，しっかりと固定している物事の上に混乱の種を
蒔こうとするが，これは真理そのものの凄惨な恥ずべき解
体ではなかろうか。まず，重さと大きさが本物と見えます
ように。全体が欺瞞に紛れてしまうなら，すべてが混乱に
陥れられるから」。しかし『知恵の書』には，神は万物を
その大きさ，その重さ，その数に応じて配置したと書かれ

---

42)　第 10 章 1258b4-7『ア全集』第 15 巻 29 頁。

43)　「デナリウスが…」はオレームが書き換えたのであろう。も
ちろん「デナリウス」は古代ギリシアの通貨単位ではない。だが，こ
の一文に対応すると思われる原文は発見できなかった。

44)　Cassiodorus, *Variae*, I-10-7. ほぼ同様の文章が本論考の第 12
章にもある。

36　　　　第 1 部　ニコル・オレーム『貨幣論』

ている[45]。最初に私が述べたように，少なくともきっちり
と定まった物事の中に欺瞞を持ち込むのでなければ，貨幣
を改定しても如何なる利益も手にすることはない〔はずで
ある〕。それゆえ，そのような改定から自身のために利益
を引き出そうとする者は神に，自然に服従していないこと
になる。

第 17 章
貨幣の改定に基づく利得は
高利より悪いことについて

　貨幣をその自然な使用に委ねることを別にすれば，貨幣
から利益を引き出しうる方法は三通りあると思われる。第
1 の方法は貨幣の交換，保有，両替であり，第 2 が利息，
そして第 3 が改定である。第 1 は卑しく，第 2 は悪しく，
第 3 は酷い。初めの 2 つはアリストテレスも言及している
が[46]，第 3 に関しては語っていない。そのような悪意は彼
の時代にはまだ知られていなかったからであろう。さて，
第 1 のものは卑しく，非難さるべきものと，前章で扱った
理由から，アリストテレスも論証している。なるほど，こ
れは貯蓄を生み出すひとつの方法ではある。そこで両替商
は銭屋（オボロスタティカ）と呼ばれ，俗に「ポワティエ
人」と呼ぶ習慣もできた[47]。これが漁師であったペテロが

---

　45)　『知恵の書』は 70 人訳には収録された。この「万物の適切
な配置」という記述に相当すると思しき一節は見いだせなかった。な
おデュピュイ版は『伝道の書』11・21 を典拠として指示しているが，
現行の聖書では，第 11 章は第 10 節までで，続く第 12 章にも引用に
相当すると思われる記述はない。

　46)　『政治学』第 1 巻第 10 章（1258a38~1258b9）『ア全集』第
15 巻 28-29 頁。

　47)　不詳。「カオール人」や「ロンバルド人」と同様に，「ポワ

第 17 章　貨幣改定による利得は高利より悪い　　37

生業を続けたこととは逆に，両替人であった使徒マタイ[48]
は，主の復活の後には，元の仕事には戻らなかった理由で
ある。この仕事に理由を与えて，福者グレゴリウス[49]が言
う，漁労によって日々の糧を得ようとすることと，商品税
の徴収から利を得て，貯えを殖やそうとすることは全く違
う。世には沢山の職業があるが，全く罪を犯すことなく続
けられるものも，それは困難なものもある，と。なるほ
ど，下水掃除のように身体を汚す賤業もあるが，魂を汚す
賤業もある。高利貸しに関しては，それがあくどい，忌ま
わしい，不当であるのは本当に確かであり，『聖書』もそ
のように扱っている[50]。しかし，ここでは，貨幣の改定か
ら利益を引き出すことは利子を取るよりも遥かに悪いとい
うことを示したい。実際，高利貸しは自分の手元資金を，
自らの自由意志で受け取ろうとする者に貸し付け，そこか
ら利益を得，あるいは自身の必要を賄うためにその利益を
利用しうる。その者〔＝借り手〕が元金を越えて相手に与
えるものは双方の間の随意契約から発生する。だが，君主
は，貨幣に不当な変更を加えることで，臣下の貯えを，そ
の意に反して容易く手にする。なぜなら昔の高品位貨幣の
流通を禁じるからであるが，〔そうした貨幣は〕誰でも低

───────────────

ティエ人」と言う所もあったのだろうと推測する。

　　48)　マタイはローマ帝国の徴税人であった。『マタイ』9・9。
　　49)　「福者グレゴリウス」は教皇グレゴリウス 1 世 Gregorius I
（540 頃生 -，教皇位 590-604 没）のこと。大教皇と称される教父の一
人。七つの修道院を創設。579 年から 585 年頃まで，教皇特使として
コンスタンティノープルに滞在。帰国後，590 年に教皇に選出された。
ローマ帝国崩壊後，ランゴバルト侵入期に外交手腕を駆使して，イタ
リアに平和をもたらし，教皇領の基礎を築いた。引用は『福音書につ
いての講話』24・1184 c
　　50)　本稿では，単に『聖書』とだけ記載されているが，よく知
られているのは『エゼキエル』18・8「利息や高利をとって貸さず」
であろうか。

品位の貨幣よりも手元に置きたいと思う。そうして〔高品位貨幣を手元に回収して〕，それから，必要性も有用性もないのに，品位の劣る〔新貨幣の〕現金を流通させるが，それは臣下の下に辿り着くかもしれない。たとえ以前より高品位の貨幣を，今，製造したとしても，それは，将来，その価値を下落させるためであり，他者から受け取った良質の貨幣と交換に劣悪な貨幣を手交するためであり，どのような方法をとろうと，疑念の余地なく，手元に一部分を留保するためである。それゆえ手元の現金に加えて利得を手にする限り，〔貨幣の〕自然な用法に反するどころか，そこからほど遠い使い方で行う利殖は，それ自体が高利徴収に等しく，あるいはより悪質で，その点で臣下の意にそぐわない，ないしその意に反するものであり，彼らに利を生むどころか，彼らの必要性から見ても正反対である。こうした理由で，共同体社会全体の福利に反して，あるいはそれを超えて課される措置に比べれば，高利貸しの利得は過剰とも言えず，総じて大多数を害するとも言えない。その〔利益取得の〕方法は狡猾かも知れないが，暴君の風はなく，むしろ暴力的掠奪とか詐欺行為と呼んではならないのではないかと私は自問する。

第18章
そのような貨幣改定は貨幣の本性から見る限り許されざることについて

　共同体社会の中で，たとえば公娼のように，ある程度まで蔑むもの，悪しきものを容認するのは，それ以上悪いことが何も起こらないようにするためであり，スキャンダルを回避するためである。同様に，必要であるとか，時宜を得ていると言って，両替とか，高利貸しといった堕落した

第18章 貨幣改定の否認 39

蔑むべき商売を認めることもある。しかし利得を引き出そうと望んで行う貨幣改定に関しては，この世にはそのようにして手にする利得を許容すべき，あるいは許容しうる如何なる理由も見いだせない。そこからスキャンダルが生じないように回避するのでなく，むしろ引き起こしてしまう以上は，第8章で十分に論じた通り，沢山の不都合が相次ぎ，それについてはすでに述べたが，さらに生じることはもう少し後で見ることになるが，それをすべき如何なる必要性も，如何なる適時性もなく，国家にとって有利になることは何もない。そのはっきりとした兆候はこの種の変更が，前章で述べた通り，近年の発明であることによる。実際，かつてはよく統治されていた都市や王国では，そのようなことは決して行われなかったし，そのような事に言及した歴史も，イタリア王テオドリクスの名で〔実際には〕カッシオドルスが書いた書簡の他には一切見当たらない。〔その書簡によれば〕僅少な重量改定が行われたことがあり，それが非常に厳しく非難され，断罪されたため，非常に大きな効果を上げた。〔問題となったのは〕ある財務官が傭兵に支払うために行った改定〔であった〕。王が取り上げ，ボエティウスに書き送ったのは，まさにこの件であった[51]。とりわけ「こういう訳で，ある全体から何かを奪い取ることが誰にとっても心惹かれることにならないように，汝らは，哲学の読書で涵養され，慎重にも真理の傍らに鎮座する罪深い虚言を遠くに投げ捨てなければならない」。他方，彼は数行先で，こうも言う。「働く者たちに供与されるものも奪い取られてはならず，誠実な奉仕を要求された者は〔その仕事に〕正確に見合う補償を受け取らなければならない」と。イタリア人やローマ人もそのような変更を，結局，本当に実施したのなら，田舎では古い粗

---

51) Cassiodorus, *Variae*, I-10-2, -7.

悪な貨幣が時々発見されることからも分かるように，おそらくは，これが彼らの王国が灰燼に帰した理由のひとつであろう。したがって，こうした改定はひどく悪しきものなので，その本性そのものからして，如何なる程度であっても承認されてはならない。

第19章
貨幣の改定実施によって生じる
君主の不利益について

こうして貨幣を改定することからは多くの，大きな不都合が生じるが，その幾つかは主として君主に関わり，その他は社会全体に，さらにまた他は，どちらかといえば，その社会の一部分に影響を及ぼす。こうしたことがフランス王国内で何度も発生したのを目にしたのはさほど昔のことではない。その幾つかに関してはすでに言及したが，ここで改めて述べておくのが適当と思う。まず，君主が詐欺行為を犯す，貨幣を偽造する，金ではないのに金製と言い，1リブラもないのに1リブラだと言うのは非常に忌まわしく，また非常に不誠実であるが，このことはすでに第12章，第13章で述べた通り。加えて，貨幣贋造者を処罰するのは君主の責務であるから，他者ならば恥ずべき死罪をもって処罰すべき行為を自ら犯していることに気づくなら，何と恥ずべきことだろう。むしろ第8章で述べたように，恐ろしいスキャンダルで，王国通貨が同じ状態にとどまることがなく，日々変化する，つまり〔通貨が〕同時に，異なる場所で，異なる値が付くというのは，君主にとっては恥ずべきことである。同様に，この期間，この変動の間，これこれの貨幣には幾らの値が付くのか，分からないことが頻繁に起こる。貨幣を取引しなければならない

第 19 章　貨幣改から生じる君主の不利益　　41

場合，つまり貨幣の売り買いをしなければならない場合，幾らになるのか掛け合わなければならず，これは貨幣の本性に反する。つまりきっちりと固定しているべきものが確実性を持たず，むしろ疑念を引き起こす混乱と無秩序を呈すが，そうした事態は君主の非難を招くことになる。同様に，王族にとって筋の通らない，何とも奇妙な〔措置〕は，王権が〔発行する〕真正かつ良質の貨幣の流通を禁じ，貪欲から品位の落ちる貨幣を使用するようにと臣下に下命し強要さえすることだが，これは良質な貨幣を悪質だと言い，あるいはその逆に〔悪質な貨幣を良質だと言う〕にほぼ等しいであろう。それでも，このような事態にも，主は預言者の口を借りて言われた[52]。「呪われよ，汝，良きものを悪しと言い，悪しきものを良しという輩よ」。繰り返すが，祖先を侮辱するのは君主にとっては恥辱であり，なるほど祖先を讃えることは神の掟により，各人の〔為すべき〕定めである。祖先の良質な貨幣を廃止し，〔刻印された〕肖像もろともに破壊し，先祖が造った金貨の替わりに，銅の混じる貨幣を造る時，君主自身にとっては先祖の名誉を貶めることになると思われる。『列王記』第 3 巻[53]に予言されたことだが，王レハベアム（ロボアム）は父王ソロモンが製造させたスクートゥム金貨を回収し，その代

---

52)　『イザヤ書』5・20.

53)　不詳。周知のように，今日知られている聖書では，『列王記』は 2 巻で構成される。その第 1 巻（上巻）第 12 章以下（また『歴代誌』第 2 巻（下巻）第 10 章以下）にレハベアムに関する記事がある。本書にもある通り，治世初期に，王の課税政策が引き金となり，イスラエルが南北に分裂，内乱に陥り，その過程で 12 部族のうち，幾つかが記載されなくなったことは知られているが，それが「5 つ」なのか不詳。なお，現在知られている『列王記』および『歴代誌』にはレハベアムの貨幣改鋳に関する記述はないが，『列王記』上巻 14・17 に，レハベアムが青銅の盾を製造し，父王ソロモンの金の盾の代わりに宮殿の守備隊長に渡した旨の記載がある。

わりにスクートゥム銅貨を製造させた。この王レハベアム
はその国民の5部族を失った。即位時に臣下にあまりに重
税をかけようとしたからである。そのうえ，これも何度も
述べたことだが，貨幣を改変するような暴君の行為を王は
徹底的に嫌うべきである。実際，王の子孫全体にとって，
貨幣改変は有害で危険であるが，その詳細は以下で示すこ
とにしよう。

第20章
社会全体に関わる不利益・不都合について

　貨幣の改変から生じる多くの不都合の中でも，社会全体
に関わるものは，主として第15章で扱ったが，明らかに
君主はこの〔改定という〕手段を通じて，社会の現金ほぼ
すべてを自分の許へ引き寄せ，臣下をひどい貧困に陥れる
ことができよう。慢性疾患は自覚しにくいがゆえに，その
危険度は様々であるのと同様に，そうした収奪が実施され
ると，それが気づきにくい程いっそう危険になる。なるほ
ど，その重量〔改定〕は他の形態の租税に比べると，すぐ
に民衆に気づかれることはない。しかしながら，これほど
重く，これほど広がりがあり，これほど深刻なものは他に
ない。他方で，この〔貨幣の〕改定と価値下落という事実
のために，王国内では金銀が減少する。監視しても歯止め
がかけられず，金銀がより高い値が付く国外へ流出するか
らである。実際，人々は遥かに価値があると信じる所へ貨
幣を持ち出そうとする。それゆえ王国内では貨幣素材が不
足するという事態が発生する。同様に，王国を訪れる外国
人は度々貨幣を偽造し，よく似た貨幣を王国に持ち込み，
そうして王自身が所有していると信じている利得を引き出
す。そのうえ，〔貨幣を〕熔解し，また再熔解する，とい

うことを繰り返すので，貨幣素材は部分的に枯渇するという事態も生じるが，ともかく，この種の貨幣改変を実施した場所では，これが普通である。それで，これまで言及してきた貨幣改定の際，貨幣素材は三通りの形で減少する。したがって，思うに，変更は長続きしない。鉱山でも他の場所でも，貨幣素材が不十分な所では，結局，君主は良質な貨幣を十分に製造するほど所持してはいないからである。それゆえ，この貨幣が改定された王国には，良質な商品や自然財は外国から輸入されなくなるだろう。商人たちは他所を好み，その場所を訪うことを選ぶ。そこでは良質の安定した貨幣を受け取ることができるからである。さらに加えて，そうした王国内では，商人たちの取引はそのような〔貨幣の〕改変によって混乱させられ，様々な面で妨げられてしまう。しかも改変が引き延ばされると，手元の現金収入，年金，賃料，貢租などは，周知のように，きちんと正確に評価され，〔その上で〕課税されることがないからである。同様に手元資金の受け取り，相互貸し付け，等々を安心して行うことができず，こうした改変のお蔭で，本当に，多くの人々が慈善活動としての〔金銭的〕援助を望まなくなる。それでも十分な貨幣素材も，商人も，先に述べたことすべても必要であり，人間の本来の有り様にとって非常に有用である。その逆は有害で，市民社会全体にとって有害である。

第 21 章
社会の一部分に関わる不利益・不都合について

社会の或る部分は誇らしい仕事や公共の用に付される職務，つまり社会の必要に応えるために自然財を増加させ，活用することに専念している。たとえば，教会人，法曹関

係者，軍人，農民，商人，職人等々である。しかし軽蔑すべき利益によって，ひたすら自身の財産を増やしている者たちもいる。両替，貨幣商，造幣人などがそれにあたる。第18章で述べたように，こうした仕事は恥ずべきものである。彼らは公共にとってほとんど不要である。さらにまた，税収人とか，ディーラー（現金取り扱い人）は貨幣の改定から発するかなりの額の利得や報酬を取得している。狡知や偶然によって金持ちだが，神と正義に反している。彼ら〔の富裕〕は自然の富に値せず，沢山の財貨に不釣り合いだからである。他方で，この社会の最良の部分を成す人々は貧しさを募らせる，つまり君主はあの改変によって，大多数を占める最良の臣民を迫害し，抑圧する。とは言え，それでも，あらゆる利益が君主の許に戻ってくる訳でもなく，その大半は先程述べた人々，詐欺師と区別し難い如何わしい生業の者たち，が手にしてしまう。さて，君主が実施を目論んでいる将来の貨幣改定の日時と形態を国民に予告しない時には，用心のために，あるいは友人の囁きのお蔭で，秘密裏に〔その貨幣改定を〕予見する者たちもいて，そうした者たちは商品を弱い貨幣で購入しておき，それから売却して強い貨幣を手にし，一夜にして大金持ちになる。自然な商取引の際に〔使用される〕法定レートではなく，不法に〔闇レートを使用して〕利得を引き出す。世の人々には損失・損害を与えておいて，〔利益を〕独占しているように見える。それゆえ，そうした貨幣改定からは多数の人々の貯蓄が不当に減少する，あるいは不当に増加する，〔という不公平な現実を前にして〕収入が非難されることが必然的に生じる。これは第11章で，貨幣の名目値変更に関して述べたことと同じである。繰り返すが，貨幣の多様化，複雑化を通じて，君主は悪党どもに贋金製造の機会を与えてしまうが，連中からすれば，偽造は良心に悖るというほどでもない。君主だって偽造している

第 22 章　貨幣改定を社会は実施しうるか　　45

ようなものだし，偽物はすぐには発見されないから，もし
常に良質な〔高品位〕貨幣が流通していたらと仮定してみ
ても，現状では遥かに多くの偽造があり，遥かに容易く罪
を犯しうる。しかも勘定，引き渡し，受領には，どれほど
多くの曖昧さ，不明瞭，間違い，錯綜した問題が含まれて
いることか。さらに，そこから訴訟の，多様な法情報の
題材が生まれる。債務の悪質な清算，詐欺，混乱，様々な
濫用，夥しい不都合，これらを詳述することは到底できな
い。すでに列挙した幾つかよりもさらに大掛かり，さらに
酷いものもありうるが，いちいち驚くことでもない。アリ
ストテレスも言うように，「不都合がひとつ与えられれば，
そこから山のように〔不都合が〕続く」が[54]，それを目に
するのは難しいことではない。

第 22 章
そのような貨幣改定を社会は実施しうるか否か

　第 6 章で示したように，貨幣は共同体社会に帰属するも
のだから，この社会自体が自らの意に則して，その整理・
体系化を行うことができると思われる。したがって，同様
に，その改定も意図した通りに行い，望ましいものを引き
出し，そのようにした貨幣をこの社会のものとして提示す
ることができる。特に，戦争に対して，虜囚となった君主
の身代金のために，あるいはこうしたタイプの何らかの不
慮の場合に備えて，この社会は相当額の現金留保を欠いて
いるからである。なるほど，貨幣改定によって，この社会

---

　54)　『トピカ』第 2 巻第 5 章（112a17）をデュピュイは典拠か
(?) としている。「個々のことには，必然的に多くのそれに続くこと
どもがあるからである」という一節か。

はまとまった現金を引き出すこともできようが，それを実施するのは君主ではなく，その貨幣が帰属する共同体社会そのものになろうから，それは自然に反することでもなければ，高利に類することでもなかろう。もっとも，これまで貨幣改変に対する反論を積み重ねてきたが，この事実〔だけ〕では，そこに沢山の理由を置く余裕もなければ，その余地も欠けていよう。共同体社会はそれを成しうると思われるというだけでなく，こうした寄与は必要だから成すべきである。この改変は数種類のタイユ[55]や貢納に要求される望ましい条件をほぼすべて一つにまとめているからである。なるほど，僅かの間に多くの利得をもたらし，多くの人々の手を煩わせることなく，税収人のごまかしもなく，経費もほとんど不要，それでいて徴収，分配，割当を容易にする。これ以上に公平でバランスの取れた〔ものは〕想像することさえできない。一般に，〔税は〕余力がある〔人〕ほど，多く支払うことになるので，その〔支払い〕額によっては，〔負担〕感が減じる，ないし鈍くなる。大衆の不満，反抗の危険なしに，本当に，ずっと耐えやすいものになる。実際，非常に一般的な言い方になるが，聖職者も，貴族も，特権だか，何だかのお蔭で，〔改定の影響を〕免除されることがない。誰でも税負担を免除されたいと望むから，嫉妬，対立，争訟，スキャンダル，その他沢山の不都合を生み出すが，これは貨幣の改定から起因するものではない。それゆえ，この場合，改定は共同体社会自体が実施しうるし，しなければならない。それでも，この点に関しては，もっと優れた判断がなければ，現状では社会が必要とする現金総額は遠い土地へ，交流の無い人々

---

55) タイユ taille は臨時直接金納税のことだが，徴収総額と期日を住民代表集会で協議の上，決定し，その総額を様々な社会集団ごとに分割して，割り当てる。

第 22 章　貨幣改定を社会は実施しうるか　　47

の許へと運ばれて行ってしまうのは明らかだと言えるよう
に思う[56]。しかもこの金額は大変な額に上るので，この社
会では長期間にわたって貨幣素材が著しく減少・不足する
ことになろう。この場合，素材を変更する，あるいは合金
にするといった方法で貨幣を改変して，〔事態の改善に〕
貢献することもできるかもしれない。もし別の方法を採っ
たとすれば，そのような変更は，第 12 章で提示した理由
のために，もっと後になってから行われるべきものだから
である。もし本当に上で述べた総額がさほど大きなもので
なく，どのようなものであろうと別の方法で充当できるな
ら，つまり貨幣の素材が共同体社会内で長期にわたって顕
著に減少することが無いなら，本章で扱った幾つもの不都
合に加えて，そのような貨幣改変のひとつから〔生じた〕
周知の幾つもの不都合よりも，あるいはまた，他の負担か
ら生じる幾つもの不都合よりも，もっと沢山，もっと広範
に，もっと酷い不都合が引き起こされることになろうと，
私は言いたい。特に，君主でも最終的に自分が負うのは御
免だと思うほどの危機が訪れ，またその時には，上に示し
た不都合すべてが舞い戻ってくることになろう。このこと
は資金が社会に帰属することを促進する第一の理由にも拘
らず，である。なぜなら社会であれ，個人であれ，自身に
帰属するものだからと言って，適正・的確に悪用する，あ
るいは不法に適切利用することなど，できない相談であ
る。もし社会が貨幣にこのような〔矛盾した言い方をせざ
るを得ないような〕変更を加えるなら，まさに社会はそう
したことをしている〔に等しい〕。そして万が一にも社会

---

56)　王侯貴族の戦争身代金，特に 1346 年クレシーの大敗によ
る，を念頭に置いているのか。1356 年のポワティエの戦いと，それ
以降のブレティニィに到る交渉を暗示しているように思えるが，そう
すると 1355 年とされている本論考の執筆年代を大幅に繰り下げる必
要が生じる。

自体が何らかのやり方で〔このような〕改変を実施すると
したら，貨幣は速やかにあるべき，恒久状態に引き戻され
なければならず，この〔改変された〕貨幣で利益を取得す
ることは停止されなければならない。

第 23 章
君主は貨幣を改変しうるとどこで断言されるのか

　必要とあれば，すべては君主に属すと言われてきた。し
たがって，切迫した緊急の必要がある場合，公共を，ある
いは王の首位権を防衛するために，君主は自身の王国の貨
幣を良いと思うだけ徴収できる。前章の議論で示したよう
に，実際，貨幣の改定によって資金を徴収する方法は非常
に容易で適切である。しかし，改めて，通常のかつ共通の
権利に基づき，君主はそのように貨幣を変更し，そこから
大きな利得を引き出しうると仮定しても，それでも，たと
えば教皇や教会組織，あるいはローマ皇帝に，さらにま
た，共同体社会から，かつて彼の功績のために付与された
世襲的権利に起因する特権のような，〔一般的権限とは異
なる，何らかの〕別の私権のお蔭でそうすることができる
と言えるだろうか。同様に，貨幣は第 6 章で扱ったよう
に共同体社会そのものに帰属するから，前章で述べたよう
に，共同体も貨幣〔の諸項目〕を改定しうる。それゆえ，
この共同体社会も貨幣を改定する権限を君主に譲渡する，
貨幣を改定し，整理・体系化する権利を放棄する，さらに
君主が欲するだけ取得する貨幣の一部分を君主に供与する
ことが〔かつて〕出来たし，〔今なお〕できる。同様に，
共通の権利に基づいて，貨幣を整理・体系化することが共
同体に戻されるなら，度々述べてきたように，共同体社会

第23章 君主は貨幣を改変しうるか 49

で，実際に大多数〔の考え〕が一致せず，その実施方法で
合意が成立し得ないなら，以後，貨幣対策は全面的に君主
の意志に帰するまでに成り下がってしまうのだろうか。確
かに，この理由から，君主は貨幣の変更，再編から利得を
引き出す。同様に，第7章で述べたことだが，固定した
年金は貨幣改定に向けて査定されねばならず，その年金の
うち，あるいはその年金以上に，君主は何かを手にしう
る，しなければならない。したがって同じ理由から，貨幣
の改定から生じる分と同じだけ，君主はさらに取得する，
あるいはさらに引き出すことができる。つまり，同じこと
だが，君主はそのような改変によって，利得を先取りでき
る。同様に，君主は貴族的で名誉ある地位を占めている共
同体社会から，固定した相当の収入を引き出すのも当然と
いうことになる。これは君主，ないし王権には相応しい。
収入が君主領や王権に固有の権利に起因するのも同じよう
に当然である。こうした収入の大半がかつては造幣による
ものであった――貨幣に変更を加えて利益を引き出すこと
は君主には認められていた――のも，なるほど，ありう
る。この決算額をひとたび放棄してしまうと，君主が自分
に相応しい地位を維持するには，収入は不十分になってし
まうことも，またありうる。したがって君主から貨幣改定
の権利を奪い取ろうとすることは，王権の名誉を侵害し，
君主の世襲的恩恵を奪うことであり，本当に君主を貧困に
追いやり，その荘重な地位を剥奪することでもあるが，こ
れは共同体社会全体から見れば，さほど不当でもなく，損
害を被るほどでもない。というのも，有力で，卓抜した地
位を占める君主でなければ，共同体にとっては，君主を擁
することは望ましいとは言い難いからである。

第24章
以上に述べたことに対する回答——全般的結論

　最初の議論から，多くの困難が生じるかもしれないが，手短に検証しても，当面，そのような必要性がない時に，暴君がするように，〔あると〕装うことがないようにするために，またアリストテレスも言うように[57]，共同体社会全体が，あるいはその最有力部分が，公然と，あるいは暗黙裡に，いつ，どのような点で，どの程度，必要性が迫っているのかを決定しなければならない〔こともある〕と思われる。公然と，というのは共同体社会が，できることなら，その〔事態の説明を受ける〕ために結集するという意味であり，暗黙裡に，とは，民衆を招集する余裕がないほど切迫しているが，〔事態は〕明白で，すぐに誰の目にも明らかになることを意味する。その時，君主がその臣民の〔保持する〕〔政治〕手段の中から何らかを獲得することを認めるが，貨幣改定ではなく，借入という，後日，全額返済しなければならない手段による〔のがよい〕。君主が貨幣改定の特権を保持しうるとされる別の論点については，まず，私は教皇の権限には言及したくないが，〔教皇は〕これまで一度としてこの権限を授与したことはなかったし，これからも授与することはなかろうと私は考える。誰であっても，まじめに働いているなら，何の得にもならないような悪行を行う許可を与えることになるからである。それでは，ローマ皇帝はどうか。これまで述べてきたこと

　57）　デュピュイは『政治学』第5巻第11章（1314b）『ア全集』第15巻241頁を典拠と推測している。「〔僭主は〕取り立てられたものと消費されたものとに関して説明をするようにしなければならない」という一節か。

第 24 章　以上に対する回答　　　51

から帰結する貨幣改定など，君主の誰にも認めようとしな
かったにもかかわらず，そのような特権を，わざわざ〔皇
帝が〕授与することなど全くなかったと言っておこう。

　第 22 章で扱った共同体社会に関しては，社会自体も既
定の場合でなければ，貨幣を改定することはできず，同章
あるいは他の章でも論じたが，その時に合理的な範囲で，
この任務を君主に委ねるなら，彼は中心となる行為者とし
てではなく，公共秩序の〔代理〕執行者として〔貨幣改定
の任務を〕遂行するだろう。また，これとは別のことだ
が，貨幣が帰属する共同体社会はその権利を手放し，君主
にそのすべてを委譲することができる。つまり貨幣に関す
る権利全体は〔必要とあれば〕君主に譲渡されるだろうと
も言われる。だが，そもそも共同体社会は適切な助言を得
ていれば，決してそのような事はせず，然るべく貨幣を改
定することも，帰属するものを適切に活用しないままでい
ることも，第 22 章で示したように，許可しないだろうと
私には思われる。同様に，市民共同体はもとより自由で，
自らの意志で奴隷に成り下がることも，暴君の権力の軛に
繋がれることも，決してないだろう。それゆえ，騙され，
脅され，強制されて，君主が〔貨幣を〕改変するのを認
め，そこから生じる不都合に目を向けず，かくして自身が
隷属状態に落ち込んでいることに気がつけば，欲するまま
に，即座にこの決定を破棄することもできよう。つまり，
各人にとって自然権として現れるものは，正当に他者に譲
渡され得ない。君主が欲しているからと言って，誰であれ
市民の妻を，彼が勝手気儘にする権力を持つことを，共
同体社会が許可することなどあり得ない。これと同様に，
〔全く同じ理屈で〕第 1 章と第 6 章で述べたように，貨幣
が本質的に自由な共同体に帰属するのなら，これまで何度
も，十分に述べてきたように，この貨幣改定〔という措
置〕に利得を求めて悪用する他には何もできない造幣特権

を，共同体社会が君主に授与することもあり得ない。さらに，貨幣体系化に関して，合意に達しない共同体に対して付け加えておくことは，必要に応じて，君主の仲裁裁定に従いうるという事であろう。何度か，一定の期間，共同体社会がそのようにすることもできたが，すでに言及した通り，不当な改定から大きな利得を引き出す権限を君主に授与してはならないと言っておこう。第7章から始まる第二の議論，つまり君主は貨幣から何らかの利益を引き出すことができるという点に関しては，それは少額で，限定された一種の年金であると簡単に回答できる。もちろん，すでに述べた改定をすれば，望むだけ増額しうるが，改定を一切しなければ同額のままである。第三の議論は，君主は収入を手にしうるし，荘厳にして名誉ある地位を保つことを認められるが，この収入も，その不当な改変からは，これまで何度も繰り返したが，非常に大きな不幸と非常に多くの不都合が発生するから，それとは異なる，別の形で与えられうるし，そうすべきである。また，この収入のうち，幾分かは貨幣から生じると仮定するなら，それなら，その分は貨幣にされる〔素材〕1マールに対して，たとえば2ソリドゥスというように，固定した定量で決定しておくべきで，そうしておけば，如何なる変更もなく，法外な利得も，理不尽な引き上げもないだろう。

　これらの問題に対して，全般的な結論を引き出さなければならない。共通のないし通常の権利，また特権，贈与，譲渡，協約によって，あるいは何らかの権限ないし何らかの手段によって，君主はそうしたこと〔＝不当な貨幣改変〕を行ったり，〔それによって〕利得を引き出したりすることはできない。これは彼の領主権限に起因するものではありえず，彼の恣に帰するものでもない。同様に，追従する偽善者，詭弁を弄する者，公共に対する裏切り者，こうした連中が主張するように，この権利を君主に否定する

ことは，相続を剥奪することでもないし，王権に反抗することでもない。逆に，君主がそれを行使しないように引きとめるので，そうした酷い収奪に手を染めぬように配慮するために，〔その見返りに〕何らかの年金や領主権を持つことはメリットがない。なるほど，これは，如何なる王も，善良な君主も，その臣下に要求すべきではない奴隷身分からの解放金に他ならないように思える。同様に，君主は良質な貨幣を製造し，同一の状態で保持するために，造幣から幾らかを取得する特権を所有すると仮定するなら，〔いちいち〕そのことを是認せずとも，彼は不誠実というだけでなく，貪欲のためにも自分の利得を増やすために貨幣を改変し，誤魔化すという濫用をした場合には，その特権を喪失することになるはずである。

第25章
暴君は長く君臨できないことについて

先立つ二つの章で，私が示そうとしたことは，貨幣改定によって資金を調達することは王権の名誉に反し，王の子孫全体にも損害を及ぼすということであった。したがって王の地位と暴君（僭主）の地位には相違があり，暴君は臣下に共通する有益性よりも，自分自身の財産を強く追求し，そのために自身に民衆を隷属させようとすることを知らなければならない。しかし，逆に，王は私的有用性よりも公的有用性を優先し，神と自身の魂に次いで，全てに先んじて，臣下の公共財と自由を優先する。これが君主権力の本当の有用性であり貴族性であり，その領主権は自由な上層の人々に関わるものであるほど，いっそう貴族的で

54 　第 1 部　ニコル・オレーム『貨幣論』

高貴になる。これはアリストテレスも言うように[58]，王が
そのような意図に固執して，努力を重ねるほど，持続す
るものであり，カッシオドルスが言うところでは，「支配
を学ぶとは大多数の者が好ましいとするものを〔彼もま
た〕愛することである」[59]。それゆえ，王政が暴政へ向かう
度に，〔その政権の〕持続は難しくなる。というのも，王
政は，そのために，あらゆる措置の削減，放棄，喪失に向
かって急ぐからであり，とりわけ，野蛮な隷属からは程遠
く，よく統治されている地方において，自然と慣習によっ
て自由で，信仰を持つ人々が多く住み，暴政の下で慣習化
する負担に隷従することもなく，頑なになることもない，
そのような人々に対して，隷属は不適当であろうし，彼ら
の意に反するだろう。暴君の抑圧はひたすら暴力的であ
る。暴政は長続きしない。なぜなら，アリストテレスも言
うように，「暴力的なものは，あっという間に崩壊するか
らである」[60]。さらに，キケローも言うように，「如何なる
強制権力も，抑圧の恐怖の下に長く安定できるほど大きく
はない」[61]。セネカは〔ギリシア〕悲劇〔の翻案〕で「暴力
的な強制権力を，誰も長続きさせられない。ほどほどの権
力〔だけ〕が持続する」と述べている[62]。まさに，この点

---

58)　『倫理学』第 8 巻第 10 章 1160b4-9 『ア全集』第 13 巻 274
頁。デュピュイは『政治学』第 3 巻第 4 章（1277a-b）を典拠として
提示している。しかしこの第 4 章は，支配者の徳と被支配者のそれは
異なることを幾つかの事例を挙げて述べているのだが。

59)　Cassiodorus, *Variae*, IX-9-5.

60)　不詳。デュピュイは『形而上学』第 4 巻第 5 章（1009a-1011a）
を疑問符付きで典拠として指示しているが，この箇所は同第 2 章
（994a-b）とともに，自然現象の生成消滅を論じているので，訳者に
は本書で扱う僭主政治の問題とは異なるように思える。

61)　キケロー『義務について』第 2 巻第 7 章 26 『キケロー選集』
第 9 巻 236 頁（岩波書店，1999 年）。

62)　ルキウス・アンナエウス・セネカ Lucius Annaeusu Seneca
（前 8-1 生 - 後 65 没）は『アガメムノン』『ヘラクレス』『メディア』

第 25 章　暴君は長く君臨できない　　　55

に関して，主は預言者の口を借りて，退位した君主たちは
力づくで，厳格に自身の臣下を支配したと非難する。この
問題は他でも論証されている。プルタルコスはトラヤヌス
帝に対して[63]「公共体，つまり国家，は言わば身体であり，
神の意志に倣って，善意によって生命を吹き込まれ，至高
の正義によって心動かされ，ある理性の指導によって支配
される」と述べた。したがって，公共体ないし王国はある
種の人体のごときものであり，これはアリストテレスが
『政治学』第 5 巻で〔主張しようと〕望んでいたことであ
る。そこで，体液が過剰に分泌され，還流する時は，身体
がバランスを崩してしまうように，時には過多になり，膨
れ上がる部位もあれば，過少になり，乾燥してしまう部位
も出てくる。然るべきバランスが崩されてしまうと，その
ような身体は長く持ちこたえることが出来ない。共同体社
会も，王国も，まさに同様であり，その一部分に，尋常な
らざる富が引き寄せられることがある。実際，共同体社会
でも，王国でも，その指導層が臣下と比較して，富，権
力，地位をどれほどか過剰に蓄積させ，まるで怪物のよう
に，頭を恐ろしく肥大化させた化け物のようになって，身
体の他の脆弱な部分では支えられなくなってしまう。その
ような人間は自ら楽しむことも，長く生きることもできな
いと同様に，君主が貨幣改変を利用して，第 20 章で述べ
たような行動をとり，自らの許に過剰に富を引き寄せてし
まう，そのような王国は，やはり，長続きし得ないだろ

───────────

など 10 篇に及ぶギリシアの悲劇作品を翻案しているが，この一節は
エウリピーデス『トロイの人々』258-259 からの引用。本文の「悲劇」
は複数形。

　　63）　プルタルコスのトラヤヌス帝に宛てた書簡とは，ソールズ
ベリのジョン（ヨハンネス）の偽書である。引用は『ポリクラティク
ス』第 5 巻第 2 章（甚野尚志『十二世紀ルネサンスの精神──ソール
ズベリのジョンの思想構造』知泉書館，2009 年 236 頁）。

56　　　　第 1 部　ニコル・オレーム『貨幣論』

う。逆に，様々な声に紛れて，全体の調和を崩し，見苦し
くしてしまうほど，桁外れに大きく，常軌を逸した公平さ
には好感を抱くこともなく，魅せられることもないよう
に，むしろ人は上手く釣り合って，バランスの取れた多様
な相違を追求するものであり，その多様性が存続している
なら，歓喜の合唱に包まれて，揺れるメロディが浮かび上
がる。これは共同体社会のあらゆる部分について，一般に
妥当する。つまり所有と権力の公平は適切ではなく，心地
よく鳴り響くものでもないが，そうかといって，アリスト
テレスも『政治学』第 5 巻で述べたように，不均衡もあま
りに大きいと，公共の調和を乱し，壊してしまう[64]。特に，
そのような君主自身が王国の中では，コーラスを従えたテ
ノールのソリストのような存在で，この君主が度を越して
しまい，共同体社会の他の人々との間に軋轢を生むように
なると，王の政治のメロディに不協和音が混じる。こうし
た訳で，アリストテレスも言うように[65]，王と暴君〔僭主〕
の間には，また別の相違が現れる。暴君は暴力的に支配し
ている社会全体よりも強力であろうと欲するが，王の中庸
は彼の統治原則と結びついている。〔王は〕臣下の誰より
も，より偉大，より強靭であるのに，それでも，社会全体
に比べれば，強さの点でも，資源の面でも劣っているから
こそ，〔社会の〕中程に置かれている。しかし王の権力は
一般に，しかも容易に，増大する方向に向かうから，非常
に強い警戒心を働かせ，常に関心を目覚めさせておかなけ
ればならない。王が暴君〔僭主〕の方へずれ動いて行かな

---

64)　第 1 章 1301b26『ア全集』第 15 巻 196 頁「あらゆるところ
において内乱は不等によって起こる」。

65)　『政治学』第 3 巻 15 章 1286b37-38『ア全集』第 15 巻 138
頁「彼〔＝王〕は武力を持たなければならないが，…大衆よりは弱い
程度のものとしなくてはならない」。および第 5 巻第 11 章（1314a35）
「欲しない者たちをも支配するための力」同書 241 頁。

第 25 章　暴君は長く君臨できない　　　　57

いように，自分を護るためには，本当に深い，心底からの
慎重さが要求される。アリストテレスも言うように[66]，特
に，君主を暴政の方へ押しやる追従者の欺瞞〔がある〕と
いう事実に対しては。『エステル記』に読み取ることがで
きるように[67]，君主は他者をその本性に従って判断するが，
こうした追従者は，実際，その世慣れた狡猾さで，〔世間
ずれしていない〕ナイーブな君主の耳を欺き，その囁きで
王の心を腐敗させていく。だがこうした連中を遠ざけ，排
除することは困難ゆえ，アリストテレス自身は，王国が長
く維持されるように，別の原則を与える。つまり，君主は
自身の臣下に〔影響を〕及ぼす支配権をあまりに拡大せ
ず，収奪もごまかしも犯さず，彼らに自由を授与ないし譲
渡し，彼らを妨害せず，権力を十全にではなく，法と慣習
によって規制し，限定的に行使することを良しとする。ア
リストテレスも言うように，判事や君主の判断に委ねるべ
きことは，なるほど，ほとんどないからである。実際，ア
リストテレスはラケダイモン（スパルタ）人の王テオポン
ポスの例を挙げているが[68]，彼は先祖が課した租税の多く
と権力の大部分とを民衆に譲渡したので，彼の妻は，不誠
実にも彼自身が父から相続したものより，遥かに収益の乏
しい王国を息子に譲ったと言って，嘆き，彼を非難した
が，そうした彼女に対して，彼は「長続きする財産を譲っ
た」と答えた。おぉ，これは神の託宣か。何という重みの
ある言葉か。この言葉は王宮内に金文字で描かれた。「私

---

66)　『政治学』第 5 巻第 11 章（1314a2）「僭主たちはおべっかを
使われることを喜ぶ」。

67)　不詳。「追従者が君主を僭主にしてしまう」という本文の
「引用」に対応する一節は『エステル』には見つけられなかった。デュ
ピュイは第 16 章を典拠としているが，現行の聖書では『エステル記』
は第 10 章までしかない。

68)　『政治学』第 5 巻第 11 章 1313a30-33 『ア全集』第 15 巻 237
頁。

はより長続きする財産を伝える」と。また彼が言うには
「私は王国を，その権力を抑制しつつ，縮小することもな
く，持続の中でいっそう発展させた」と。そう，ここにソ
ロモンより偉大な者がいる。なるほど，先に言及したロボ
アム（レホベアム）がその父ソロモンからこのように整備
された王国を受け取り，手にしたのであれば，彼はイスラ
エルの 12 部族のうち 10 部族[69]も失うことは決してなかっ
ただろう。この点で，人から非難されることもなかっただ
ろう。「汝は汝の子らに対しては怒りを掻き立てて汝の種
を汚し，他のあらゆる人々に対しては汝の愚かさを〔向け
た〕。かくして，汝は帝国を二つに分断するに到った」。そ
れゆえ人は示した，ひとつの王国政治を暴政に変えてしま
う支配権は速やかに終わりを迎えるに違いないと。

第 26 章
貨幣改定から利得を引き出すことは
王権全体に損失をもたらすことについて

　すでに言及した改変は王の名誉に反し，王家の系譜に損
害をもたらすことを示そうと思う。そのために，理由を三
つ挙げる。第一に，王にとって非難に値し，王の子孫に
とって損害に値するものがあり，そのために王国は崩壊に
導かれるか，余所者の手に引き渡されることになる。王は
自身がどれほど不幸で惨めであるかと，存分に苦悩するこ
とも，嘆くこともできないだろう。彼こそ，その懈怠と失
政のせいで，自らに対しても，また彼の継承者に対して
も，あれほどの美徳で発展し，かくも長きにわたって栄光
に包まれ，存続してきた王国の崩壊を引き起こしたのだか

---

　69)　第 19 章では 5 部族とされている。

第26章　貨幣改定の利得は王権の損失　　59

ら。加えて，もし，彼の背馳のゆえに，王国の解体と移譲
の中で広範囲にわたって発生し，繰り返される疫病に，度
重なる大災害に，民衆が苦しむとしたら，彼はその栄光あ
る魂の危機の中に置かれていることになろう。第二に，前
章で明言したように，暴政によって王国はその崩壊に曝さ
れると私は思う。『伝道の書』にも書かれているが[70]，「王
政は，不正，侮辱，様々な欺瞞という事実のために，ある
一族から別の一族へと移譲されるから」，暴政は有害で不
正である。また，何らかの事情で，フランス人の自由な心
が衰えて，自ら奴隷になろうとすることなど起こり得ぬ
だろう。こうした理由で，暴君の権力が強大であるなら，
〔その権力は〕臣下の自由な心にとっては暴力的で，外国
人にとっては脆弱である以上，彼らに課された隷属は持続
し得ない。それゆえ，誰であれ，フランスの支配層をこう
した暴君政治に向けて率いる者は王政を大きな試練に曝
し，その終焉に導くことになろう[71]。なるほど，フランス
王の家系が暴政を習得することもなかったし，ガリアの民
衆が隷属状態に置かれる習慣もなかった。もし王家が先祖
の美徳を裏切るなら，疑う余地もなく王権を喪失していた
だろう。第三に，すでに論及したことで，何度も繰り返し
たことだが，思うに，貨幣改変から利得を引き出し，それ
を取得することは不誠実の極み，暴君のすることで，不当
であり，他の多くの王国と同様に，この王国〔の政体〕が
暴政に変貌することなしに，長期間にわたり，王が玉座に
座り続けることはできないだろう。こうした行為から幾つ
もの不都合が発生するだけでなく，それに先立って何かが

---

70)　不詳。『伝道の書』には「不祥事による王家の交代」に関す
る記載は見られなかった。

71)　ナヴァーラ王カルロス2世（シャルル悪）（1352年，フラ
ンス王ジャン2世（位1350-64）の娘ジャンヌと結婚。すなわちシャ
ルル5世の義弟）のことを念頭に置いているのか。

60   第 1 部　ニコル・オレーム『貨幣論』

生じ，また何かが派生するのは避けがたい。というのは，
君主とはそうした方向に惹かれがちで，傾きがちである
が，〔そうはならないように〕厳しく見守り，如何わしい
考えを持たず，暴君のあらゆる欺瞞と不正に警告を発する
用意を怠らない人間でも，こうした変転は〔なかなか〕引
き止めることが出来ないからである。

　以上を取りまとめると，王政を崩壊へ導くものは王自身
にとっても，彼の後継者にとっても，邪悪で有害なものだ
が，〔それに〕引かれもすれば押されもする。これが〔君
主の政治が〕暴政に向かうことに対する私の第一の推定で
あった。第二は貨幣改定によって，それはそちらへ，〔暴
政の方へ〕押し流されていくのであり，第三に改変が引
き起こす収奪は王の栄光に反し，王の子孫全体にとって
も有害である，これが呈示すべきことであった。これは，
すでに述べたように，〔何ら前提条件を〕要求することな
く，賢者が〔王に〕軌道修正を諭すように願うしかない。
実際，アリストテレスによれば，市民の関心事は，大抵
の場合，あやふやで変わりやすい[72]。このような状況の中
で，誰かが本当のことを明らかにしようと〔義憤に〕駆ら
れて，これまで私が述べてきたことに反対を唱えるなり，
筆記するなり，〔何らかの意見表明を〕しようとするなら，
それはそれでうまく成し遂げることもできよう。その上，
〔これまでの〕私の説明に不都合があれば，どこが悪いの
か指摘してくれると思う[73]。しかし冷静に，理詰めで考え
ると，金銭目当てではなく，自らの自由意志で批判してい
るとは見えないとすれば，まさにそのために，おそらく説
得的な反論はできないだろう。

––––––––––––

　72）『倫理学』第 1 巻第 1 章（1094b14-16）。
　73）『ヨハネによる福音書』18・23「もし私が何か悪いことを
言ったのなら，その悪い理由を言いなさい」。

第 26 章　貨幣改定の利得は王権の損失

貨幣改定に関する論考はここで終わる。

第 2 部

オレーム『貨幣論』解題

1 生　涯

　ニコル・オレーム（ニコラウス・オレスミウス）は 1320年から 22 年の間に，ノルマンディ地方の大都市カン（オルヌ川河口近く）ないし周辺の小邑に生れた。パリから凡そ 200 キロほど西に所在する。彼は四人兄弟で，バイユー司教区に属していたこと以外，家族，幼少期，パリ留学の経緯については全く分からない[1]。ナヴァーラ学寮に在籍して七学科を学んだことから，裕福な家庭の出身ではなかろうと想像される。1348 年からパリ大学で神学を学び，56 年に博士号を取得。同年，学寮の主管となった。ニコル 35 歳前後のことである。

　この 1356 年から，彼の聡明さはフランス王家の知るところとなり，王太子シャルル（後のシャルル 5 世。1338 年生まれゆえ，このとき 18 歳）の知己となる。まさにポワティエの戦いでフランスが敗北し，王ジャン 2 世がイング

---

　1)　Neveux, François ; Nicole Oresme et le clergé normand du XIV° siècle. Dans Quillet Jeannine dir. *Autout de Nicole Oresme : Actes du Colloque Oresme*, Paris, 1990. pp.9-36.

1 生 涯   63

ランド側に捕らえられた年に当たる。同年，その王ジャン
2世の指名により，ニコルは王太子シャルルの側近となり，
助言と指導に当たることになる[2]。1359年には国王秘書官
となり，その後，礼拝堂付き司祭，さらに諮問官となる。
王はニコルの人柄と才能を高く評価していたとされる。

　次いで1360年，カレー条約後，王太子は借款申し込
みの使命をニコルに託し，ルーアン市参事会に派遣した。
62年にはナヴァーラ学寮主管のまま，ルーアン聖堂参事
会員となり，さらに64年3月にはルーアンの参事会長に
昇格した。この間，彼は引き続きパリ大学で教鞭をとっ
た。ニコルがこのように短期間のうちに，次々と栄誉を獲
得して行った背景には，常に王太子シャルルの推挙があっ
たと考えられる。この当時，ニコルはパリ大学の様々な文
書に名を残しているので，教育だけでなく，大学行政にも
関与していたと思われる。ルーアンはノルマンディの中心
都市でパリから北西に110キロほど，蛇行するセーヌ川
沿いにあるが，彼はこの距離をものともせず，頻繁に往復
していたことになる。

　1363年，さらに66年，彼は二度にわたってアヴィニヨ
ンに派遣され，教皇ウルバヌス5世を始め枢機卿たちの
面前で，ローマの高位聖職者の綱紀粛正を強く訴える激し

---

　2)　ウィキペディア（フランス語版）のニコル・オレームの項目
執筆者は Archon, Louis ; *Histoire de la Chapelle des rois de France, vol.
II*, Paris, 1711. を典拠として，王太子の「個人教師 précepteur」に任命
されたとし，さらに60年代にはルーアン参事会員以外にも，幾つか
の顕職を兼任するようになったとしている。Meunier, Francis は *Essai
sur la vie et les ouvrages de Nicole Oresme*, Paris, 1857. で，16世紀初め
まではそのような記録はないと，顕職兼任に関しては否定的見解を示
している。本書の第1部で底本として利用したウォロースキーも序文
（p.xiij）で，ムーニエの見解を紹介している。Belaubre, Jean ; *Histoire
numismatique et monétaire de la France médiévale*, Paris, 1986, p.94. も
同様。

64   第2部　オレーム『貨幣論』解題

い演説を行った。

　1369 年にニコルはアリストテレスの『倫理学』のフラ
ンス語訳を開始し，おそらく翌 70 年には完成させた。さ
らに『政治学』と『家政学（経済学）』の翻訳は 1372 年か
ら 74 年にかけて，『天体論』は 77 年に完成させた。この
うち『倫理学』と『政治学』は，本稿でも随所で引用され
ているので，ほぼ全文を暗記していたのではないかと推測
されるが，そのために，つまり記憶に頼ったがために，諸
所の脚注で指摘したように，引用文がやや不正確になって
いるケースも見受けられる。

　1377 年 11 月，ニコルは王シャルル 5 世の強い推挙に
よって，カンとルーアンのほぼ中央に位置するリジューの
司教に選出され，翌年 1 月 26 日に聖別されたが，同地に
居住するようになるのは 1380 年，シャルル 5 世の死後で
ある。ニコル・オレーム（ニコラウス・オレスミウス）は
1382 年，60 歳（から 62 歳）で死去。晩年に司教を務めた
リジュー聖堂に埋葬された。

2　業　　績

　彼の学問的業績は，何よりもアリストテレスをはじ
め，多くの古代作家の作品をフランス語に翻訳し，その際
に「法体系，立法 législation」「王政 monarchie」「民主政
démocratie」「寡頭政 origarchie」といった政治学の用語や，
「分母 dénominateur」「分子 numérateur」といった数学用語
を案出したことであろう[3]。

---

　3)　Autrand, Françoise ; France under Charles V and Charles VI, in
The New Cambridge Medieval History VI, Cambridge, 2000, pp.422-441,
p.424.

2 業　績　　65

　学寮の主管として，長く七学科の教育に携わったこと
が，数学や音楽，修辞学，さらには天文学にも関心を持ち
続け，アリストテレスを始めとして，古代作家のフランス
語訳に従事するようになった大きな要因であると推測され
る。

　他方で，博士号を取得すると同時に，王自身の深い信頼
を得て，すでに成人と言える年齢に達し，不在の王の摂政
を務める王太子の助言者となり，直接に政治の場に立ち会
うことになった。アリストテレスの『自然学』と『天体
論』，つまり物体の運動を深く理解しただけでなく，『政治
学』や『倫理学』にも深い関心を寄せたことは不思議では
ない。王太子に助言を惜しまず，問われれば答えるとい
う，それこそ古代ギリシア以来の伝統の対話形式で帝王学
を授けること。これが自身に課せられた使命であると自覚
していたのではなかろうか。ちなみに 1370 年代に入ると，
王シャルル 5 世はオレームの翻訳した『倫理学』，『政治
学』そして『経済学』の写本を所有し[4]，夕食前のひと時，
その写本の一節を自ら読む，あるいは誰かに朗読させ，側
近たちと議論を交わすことを好んだとされ，オレーム自
身，あるいはフィリップ・ド・メジエール[5]などが連なる

---

　4)　この写本はシャルル 6 世の治世まではルーヴル宮の図書室
にあった。Lewis, Peter S. ; Pouvoir, « spéculative » et pratique : quelles
voix entendre ? dans *Penser le pouvoir au Moyen Age, Etudes offertes à
Françoise Autrand*, éd. Par Boutet, Dominique et Verger, Jacques, Paris,
2000. pp. 157-170.

　5)　Philippe de Mézière (1327 頃 -1405)。ピカルディの小貴族の
出身。アミアンで初等教育を受けると，早々にヴィスコンティ家の許
へ出征。46 年に十字軍に参加。スミルナの戦いでリュジニャン家の
人々と懇意になり，1360 年，ピエール・ド・リュジニャンがキプロ
ス王（ペドロ 1 世）に即位するとその尚書となった。65 年にはアレ
クサンドリアへの十字軍に参加。69 年にペドロ 1 世が死去するとフ
ランスに帰還。おそらくジャン・ド・ラ・リヴィエールによって，王
シャルル 5 世に紹介され，宮廷に伺候するようになる。『老いた巡礼

言わば知的サークルが成立していたとされる[6]。「賢王」と呼ばれる所以である。しかしオレームはシャルル5世に敬愛される教養人ではあったが、権力を行使する側近ではなかったと言われる[7]。

アリストテレスだけでなく、同じように頻繁に引用されるカッシオドルスの『書簡』は彼の思いを如実に表現しているように思われる。つまりカッシオドルスの人生に、自分自身のそれを重ね合わせ、神学者、聖職者、教育者、研究者、そして国王諮問官と、幾つもの立場から発言を重ねたのは、単に世界の不正を告発するためだけでなく、その矯正に一身を捧げることを目ざしていたからであろう[8]。

___

の夢 *Songe du vieux Pélerin*』を89年に執筆し、王のモラルを論じた。

6) オートランは「クラブ」と表現する。Autrand, Françoise ; *Charles V*, Paris, 1994, pp.728-731.

7) Autrand, Françoise ; *ibid.*

8) オレームに関する研究は自然学に関するものが多い。翻訳された作品は『中世末期の言語・自然哲学』(中世思想原典集成19) pp.451-605 所収(平凡社、1994年)、中村治訳「質と運動の図形化」のみと思われる。これは表題の通り、幾何学図形を援用して、「質」を鍵概念として時空を理解しようとする論考であるが、容易に想像できるように、アリストテレスの空間認識を前提としている。小林典子は『ヤン・ファン・エイク、光と空気の絵画』(大阪大学出版会、2003年)の第3章で、オレームの光学を詳細に検討し、スペキエス species(視界、視線、外観)と呼ぶ操作概念を駆使して、直接触れている訳ではない対象を視覚が認識するメカニズムを論じ、著者がファン・エイクの本質を論じるための予備的議論としている。『貨幣論』を扱った論文はかろうじて一篇。辻内宣博が「中世スコラ哲学における貨幣論の展開」『西洋中世研究』第13号(2021年)pp.64-78. で言及しているが、この論文の主題はトマスとビュリダンが論じた公正価格であり、その延長上にオレームの『貨幣論』を位置づけている。欧文文献では、近代以降のものでは、Hertrich, Henry ; *Les théories monétaires au XIV° siècle ; Nicolas Oresme,* Lyon, Legendre, 1899. と Bridrey, Emile ; *Nicole Oresme : Etude d'histoire des doctrines et des faits économiques : la théorie de la monnaie au XIV° siècle,* (1906), et Genève, 1978. の二点が古典的。比較的近年のもので

3　手稿と刊本

3-1　手稿本

　ここでは『貨幣論』だけを取り上げるが，いずれにしても，オレーム自身の手になる手稿は現存していない。しかしフランス国立図書館は原本にかなり近い時期に書写された手稿本を3点保存している。第1に「ラテン写本 13965」で，1397 年に作成されたもの。第2が作成年不明の「ラテン写本 8733A」。第3が「フランス語写本 25153」。これはタイトルがやや異なり，『貨幣の初の発明，その理由と貨幣の様態に関する小論』とされ，16 世紀に作成されたものである。このうち，本書第1部で翻訳したウォロースキー版は第1のラテン写本と第3のフランス語写本を底本としている（本書第1部の凡例を参照）。いずれも PDF ないし JPEG 形式で全文ダウンロード可能である。保存状態は良好で，画像の解像度も高く，こうした古書体の文書に日常的に接している方なら，十分に読解できる状態で提供されている。

　なお，オレーム訳のアリストテレス『倫理学』，『政治

は Lévy, Edouard ; *Le statut de la monnaie chez Jean Buridan et Nicole Oresme*, Paris, Mémoire de DEA, 1991. および Kaye, Joel ; *Economy and Nature in the Fourteenth Century – Money, market exchange, and the emergence of scientific thought,* Cambridge U.P., 1998. を挙げることができる。またオレームを主題としたシンポジウムが開催されたことがあり，その報告集が Quillet Jeannine dir. *Autour de Nicole Oresme : Actes du Colloque Oresme*, Paris, 1990. である。収録された8篇のうち，1篇がオレームの伝記的研究（主にルーアン参事会長としての活動を追った報告：Neveux, François ; Nicole Oresme et le clergé normand du XIV° siècle.）であり，他7篇は自然学，天文学，修辞学，などで，『貨幣論』に関する報告はない。

学』および『経済学』の手稿本がやはりフランス国立図書館にある。これも本人の直筆ではないが，1453年ないし54年に筆写されたもので，その原本はルーアン市立図書館が所蔵する。『倫理学』は全9巻からなり（第1巻は欠落），その第9巻は「商取引の共通尺度たる貨幣」と題されているが，これがオレーム自身の命名か，書写生によるものか不明である。

3-2　印刷刊行本

やはり，『貨幣論』に限定するが，本書第1部冒頭の凡例で言及した4種類の版，すなわち1）ウォロースキー版（1864年），2）フォー版（1990年），3）デュピュイ版（1989年）[9]，4）BNF Latin 8733A のファクシミリ版（1995年）の他に，7種類の版がある。刊行順に，5）コラール・マンシオン Colard Mansion 版（中期フランス語，ブリュージュ 1477-88 年の間），6）トマス・キーズ Thomas Kees 版（ラテン語，パリ 1511 年頃），7）ステルネン Sternenn 版（ラテン語，ルクセンブルク 1625 年），8）ジョアン・フォン・フクテ Johann von Fuchte 版（ラテン語，ヘルムシュタット 1622 年），9）チャールズ・ジョンソン Charles Johnson 版（英語訳，ロンドン 1956 年），10）アルベルト・ラベラルテ Alberto Labellarte 版（ラテン語－イタリア語対訳，バーリ 2016 年），11）トマソ・ブローロ Tommaso

---

9）　この版はニコル・オレームの論考の他に，ジャン・ビュリダンとバルトロ・デ・サッソフェラトの論考を並録している。ビュリダン Joannes Buridanus（Jean Buridan）（1295-1300 の間に生 -1358 頃没）は唯名論者として知られ，アリストテレスの天体論，倫理学に関する研究がある。デ・サッソフェラト Bartole de Saxoferrato（1313-57）はペルージアとボローニャで民法を学び，1334 年に法学博士。1338 年からピサ大学で，1343 年からペルージア大学で教鞭をとった。ペルージア市代表としてドイツ皇帝カール 4 世に謁見し，厚遇され，その諮問官となった。ローマ法に関する研究がある。

Brollo 版（ラテン語－イタリア語対訳，トリエステ 2020 年）
であり，すべてフランス国立図書館に所蔵されている。

4　『貨幣論』の論点と結論

　この論考は 1355 年つまり博士号取得の前年に公表され
ている。長大なものでもなく，オレーム自身の手になる章
立てが序文の直後に明示され，しかも，その章題が各章の
内容を簡潔に要約しているので，訳者がいちいちコメント
を付け加える必要はないとも思うが，彼の主張を明瞭にす
るために，全 26 章に及ぶ論考をここで整理しておきたい。
　まず序文で，支配者が自らの意志で，貨幣を自由に発行
し，造幣利益を取得するのは当然か，アリストテレスに準
拠して，貨幣を様々な面から考察すると，この論考の論題
と行論の典拠をあらかじめ明示している。しかし執筆の動
機，つまり依頼されたのか，自身の関心をまとめておこう
としたものか，その点に言及はなく，献辞もない。やや深
読みになるかもしれないが，アリストテレスの名を殊更に
挙げていることに注目すると，二通りの解釈が成り立つと
思う。まず，主題は貨幣改定の是非であることを額面通り
に受け取った場合。オレームの生前になるが，1300 年代
から 1320 年代にかけて，つまりフィリップ 4 世の治世後
半から，その子たち，すなわちルイ 10 世，フィリップ 5
世，シャルル 4 世の治世に，王権が貨幣に関する知見を求
め，諸侯，都市民，造幣専門家を招集して何度か集会を開
催し，応召した人々が様々な意見を表明したことが知られ
ている[10]。オレームはそれらの記録を読み込んで，その上

――――――――――
　10)　Bompaire, Marc ; La question monétaire : Avis et consultations
à l'Epoque de Philippe le Bel et de ses fils, dans *Monnaie, fiscalité et*

70 　　　第 2 部　オレーム『貨幣論』解題

で，自身の論考を展開するのではなく，ここではアリスト
テレスに依拠した原則論を述べるつもりであり，したがっ
て貨幣政策そのものよりは，貨幣政策の哲学を論じるつも
りであると，議論の範囲を明示しているのだと読むことが
できる。もうひとつの考え方は，博士号取得以前，つまり
学生として，伝統的な論文作法に従い，自分勝手に議論を
展開している訳ではなく，当然ながら権威に則って論を進
めていると考える。しかも表面的には貨幣改定を論じてい
るが，根本的には君主のモラルを論じる以上，名は挙げて
いないが，読めばすぐわかるように，トマス・アクィナ
ス（1225 生 -74 没）を下敷きにして，君主鑑[11]のヴァリア
ントを書こうとしていると読める。トマスが依拠したアリ
ストテレスのラテン語訳『倫理学』や『政治学』は，写本
も多く，すでに大学ではよく知られていたはずである。ど
ちらか一方が正しく，他方は間違っているというのではな
く，どちらの要素も併せ持っていると思うが，強いて言う
なら，後者の考え方の方が強いように読める。
　ところが，権威としてアリストテレス，カッシオドル
ス，など数名の古代の著作家の名は挙げられるが，それ以
外に固有名詞はほとんど現れないことにも注目しておきた

---

finanes au temps de Philippe le Bel sous la direction de Contamine,
Philippe, Kerhervé Jean et Rigaudière, Albert, Paris, 2007. pp.105-140. ボ
ンペールは，1920 年代にポール・ギリエルモ Paul Guilhiermoz が編纂
し，数回に分けて *Revue Numismatique* 誌上に発表した多くの「意見
書」を典拠とし，それらが王権主催の集会で議論され，まとめ上げら
れていったものであり，同時期の王令に反映されていることを確認し，
1320 年代，シャルル 4 世の治世に，ルイ 9 世の治世の貨幣を規範と
する考え方が定着したと結論付けた。

　　11）Aquinas, Thomas ; *De Regimine Principum ad Regem Cypri*,
c.1267,『君主の統治について──謹んでキプロス王に捧げる──』岩
波文庫，2009 年。巻末に訳者柴田平三郎による「鑑」とアリストテ
レスの吸収について，丁寧な解説がある。

4 『貨幣論』の論点と結論　　71

い。貨幣の発行者たる君主のモラルを問題にするなら，つ
まり君主鑑に連なる作品と捉えるなら，トマスの名を挙げ
て当然と思うが，パリ大学の神学生としては当然すぎて，
殊更に名をあげる必要はないということなのか。また，貨
幣をテーマとし，その貶質を批判するにも拘らず，ルイ9
世と彼が発行した貨幣に言及がないのはなぜなのか。ルイ
9世はオレームが日常手にしていたはずのエキュ金貨やグ
ロ銀貨の創始者である。さらにパリやアヴィニョンといっ
た地名も現れない。この具体性の欠如は何を意味するの
か。普遍的原則を演繹するだけでは説得力に乏しいとは考
えなかったのだろうか。

　このように考えると，この論考は王の，あるいは高位聖
職者の依頼があって，書き始めたものではなく，下問が
あった場合に備えて，自身の考えをまとめておくために執
筆したと理解するべきであろう。具体例は必要があれば，
幾らでも付け加えることができると考えていたかもしれ
ない。ただ，論考の最終章，第26章の最後の文は，明ら
かに，あえて名指しすることを避けているように読める。
「私が述べたことに反論しようとする人」とは誰のことか。
その人が「褒章を期待しているのではなく，真実を求めて
自らの意志で考えをまとめるなら，それはそれで立派な反
論ができるだろう」というのは何を言わんとしているの
か。もちろん接続法は文の構造が要求するものだが，ここ
では，むしろ接続法が要求される表現をあえて選択したの
ではないのか。国王諮問会内部の軋轢があって，意見の対
立，立場の違いがあり，政策論争が起こりそうだ，と予見
していたのだろうか。だからこそ，アリストテレス，つま
り誰もが認める権威，なのか。可能性のある人物をひとり
挙げるなら，やはり国王諮問会のメンバーで，オレームよ
り10歳ほど若いル・マン司教ヨハンネス（ジャン）・ド・

72   第2部　オレーム『貨幣論』解題

クラオンであろうか[12]。1355 年，オレームがこの『貨幣論』
を発表した年に，彼はランス大司教に昇進した。対立はし
ていなかったかもしれないが，立場の違いは鮮明だっただ
ろう。

　オレームは議論を「歴史的に」始める。人口の増加とと
もに，財の偏在が生じ，取引が始まるが，現物の等価交換
は難しい。そこで自然財の交換手段として人間は貨幣を発
明した。その日々の使用は有用かつ必要だが，貯蓄は悪用
される恐れあり（第 1 章）。自然の富に匹敵する素材とし
て，金や銀が貨幣には適しているが，稀少ゆえ，適切に使
用すべき（第 2 章）。金貨と白銀貨の使い分けが必要。合
金貨は原則として製造しない方が良い（第 3 章）。秤量貨
幣は使い勝手が悪いので，適当なサイズの硬貨にするが，
そのために古い貨幣は重量単位をそのまま貨幣の名称（名
目値）として使用し，その一枚一枚が適正に製造されたこ
とを保証するために，製造者は何らかの刻印を捺す（第 4
章）。貨幣は社会的利益に適うように創出されたから，そ
の品位を保証するのは最高の公人，最高の権威保持者，す
なわち君主が相応しく，彼に因む刻印は偽造されぬように
精巧であること（第 5 章）。製造責任は，最高権威者たる
君主にあるが，貨幣の所有権は社会の全メンバーにあり
（第 6 章），製造コストは社会全体で負担する（第 7 章）。

　さて，ここから貨幣改定に関する議論が展開される。法

――――――――――――
　12)　Jean III de Craon（1329-73）。アモーリィ 3 世 Amaury III・
ド・クラオンの息。クラオン家は 11 世紀に遡るマイエンヌ（ノルマ
ンディ南隣）の貴族。1350 年から 55 年までル・マン司教。改革派と
して，課税，造幣に積極的に発言。1355 年から 73 年に死去するまで
ランス大司教を勤め，1364 年にはシャルル 5 世の戴冠式を主宰した。
フランス同輩貴族。

4 『貨幣論』の論点と結論   73

は頻繁に変更できないが，同様に貨幣も変更しない方が良い。どうしても必要な場合には，その理由と変更の如何を明示すべき（第8章）。貨幣のデザインを変更する場合は，まず見分けがたいほど精巧な偽造貨が出回り，社会に不利益が生じた場合。または古くからの貨幣があまりに価値を下落させてしまった場合。この二つの場合に限って，価値ある新貨に適切な刻印を施して発行するのが良い（第9章）。貨幣間の比率は加工前の貴金属の比価を反映しているから，人為で変更してはならない。特に，君主が権力を行使して，貨幣の諸要件を改定して利益を得ようとするなら，なおさらである（第10章）。貨幣の名目値が重量に由来するものである場合，改定を実施するなら，すべての貨幣の名目値を一度に変更して貨幣相互の比率を変えぬように維持すべきである（第11章）。重量が不正な貨幣が混じってはならない（第12章）。自然界で素材の偏在状況が変化したために，合金比率を変更することはありうる。それゆえ合金サンプルを公共の場に提示すべき（第13章）。比率，素材，混合，重量を一挙に変更することも，ごく稀にはあるだろうが，君主の権威，意向だけでは実施理由として不足である。良質・高品位の貨幣は長く存続する（第14章）。

貨幣改定は，君主が利益を得ようとして実施されるが，そのために共同体社会は不利益を被るから，君主は僭主となる。善を生むために悪を成すことはあり得ない（第15章）。貨幣の変更から利益を引き出すことは自然に反する。生物ではないのに，現金が自己増殖するのは不自然。利子は自然に反するから，神の創出した世界秩序の中に，利子の在り処はない（第16章）。貨幣を改悪するとは，高品位貨幣を回収して，替わりに品位の劣る貨幣を市中に放出することになり，君主はその差額を利益とする。これは高利

徴収に等しい邪悪な行為である（第17章）。小さな悪事は
欲望の捌け口として見逃し，大きな悪事が起こらないよう
にするという考え方もありうるが，貨幣改悪は国家に，社
会に，如何なる利益ももたらさないので，決して行っては
ならない（第18章）。貨幣偽造は処罰すべき大罪であるか
ら，貨幣改悪は，君主が自ら大罪を犯していることにな
り，貨幣価値の不安定は社会に混乱を招くから，君主の不
始末，スキャンダルである（第19章）。改定によって貨幣
価値が下落すると，金銀は評価の高い国外に流出し，ひい
ては貨幣不足，資本不足を引き起こし，経済活動全般を
停滞させる。これは社会全体にとって大きな不利益であ
る（第20章）。貨幣を改定すると，賤業である両替は貨幣
価値の差を利用して利益を得るだろうが，大多数は貧しさ
を募らせる。改定とは擬装された偽造だと考えて，大した
罪悪感も持たずに，貨幣偽造に手を染める者も現れるだろ
う。ひとつの不都合は多くの不都合を生み出す（第21章）。
社会全体の現金留保は乏しい。突然の必要に応じて，タイ
ユや貢納と同様に，社会的合意の下に，貨幣改定を行うこ
とはありうる。徴税よりも迅速に富を徴収する手段になる
からだが，それが王の身代金支払いのためであれば，金銭
は国外へ一挙に大量に持ち出され，国内は窮乏化する（第
22章）。貨幣は社会全体に帰属するが，社会の成員はその
所有権を君主に譲渡ないし放棄することができる。それに
よって，君主は貨幣改定から生じた利益を取得でき，そ
の利益を社会から受け取る年金と見なすことはできる（第
23章）。しかし，逆に，君主が自ら利益を求めて貨幣改定
を実施することは許されない（第24章）。王は公益を優先
する者であり，私利私欲に走る者は僭主である。僭主は臣
民を暴力的に隷属させるから，持続し得ない。社会体も
身体の様に体液バランスが大切。君主が貨幣を改定し，異
常なほどの利益を上げると，社会全体の富が局所的集中を

4 『貨幣論』の論点と結論   75

起こし，不安定になり，君主と一般民衆との間に軋轢が生じ，政体を維持できなくなる。権力はほどほどが良い（第25章）。暴力的なものは持続し得ない。貨幣を改定し，利益を上げることは僭主のすることで，王の栄光に反し，貶めるものでしかなく，王家と王国の衰退，破滅に通じる（第26章）。

　改めて全体を振り返ると，貨幣は，自然秩序の中で，それぞれの財の価値を貴金属で代替表象し，交換経済を媒介する。それが自然界で貨幣の占める正当な地位であるから，その勝手な変更は秩序を破壊する悪行である。したがって貨幣は変わることなく持続するのが本来の在り方で，その改定・変更は不都合が生じた世界秩序を修復するためにだけ許される。その任務を担うのが君主であり，偽造にも等しい貨幣改定に自ら手を染めるなら，しかもそれが利益取得のためであるなら，君主は僭主に堕落し，その一族とその王国に遠からず破滅を呼び寄せることになろう。

　これがニコル・オレームの主張であるが，要は君主のモラルを論じた君主鑑であり，彼の政治活動のひとつとして，貨幣発行の際には自らを貶めることなきように重々留意すべきであると言っているのであり，一般人が嫌でも巻き込まれる経済活動の中で，重要な役割を果たす貨幣について，あるいはそのような貨幣に対する政策について論じているとは言い難い。ニコルのこのような関心方向を十分に理解した上で，あえて三つの疑問を投げかけてみたい。

　まず，そもそもニコルは金属貨幣しか考慮していないが，14世紀には手形や銀行券（紙幣）といった信用貨幣が存在し，口座振替も利用されていた。イタリアやフランドルでは，商人に限らず，誰もが使用していた。おそらく，ニコルは，貨幣とは香辛料やカカオと同様に，それ自

体が価値を有する便利財であるから交換手段になると伝統的な思考を踏襲しているのであろう。数字を書きこんだ紙切れでは，権力者がいくら保証すると言ってみても，冗談でしかないと考えるのだろう。商取引は当事者相互の信用の上に成り立ち，決済はその信用を支える一部分でしかないと考えることが必要だろう。

　ここに第二の疑問，時間，が隠れている。財そのものとその所有権の移転，それと逆方向に移動する決済手段の移転，これが売買行為を一般化した表現であるが，この二つの行為が同時に行われる必要はなく，時間差が容認されるが，それが信用である。秤量貨幣の不便を乗り越えるために円盤状の硬貨を生み出したと理解して，そこに人間の創意工夫を認めるなら，決済方法の多様性も認められて然るべきである。自然財の利用価値に相当する貨幣があれば十分で，貯蓄は悪を生み出すという一節（第1章）はテンプル騎士団の廃止・解散を念頭に置いているのだろうか。オレームが生まれる数年前の事件である。しかし口座があれば，振替が可能になり，商業活動は一気に拡大する。それをオレームは否定的に見る。この考え方はトマス・アクィナスを頂点とするスコラ学の伝統なのだろうか。

　ここに第三の問題，量の問題がある。人間活動の一分野が突出して活発になることは世界のバランスを崩すことになり，創造主の意に沿わない。アンバランスになることが運動エネルギーを生みだすとは考えない。彼は量的変化を世界の変化の始まりと見て，恐れているのではないか。彼とその同時代人が好む身体の比喩を使うなら，思春期の身体はバランスを崩しながら成長するが，やがてはバランスを取り戻していくように，世界は一時的に部分的不均衡に陥っても，やがて時間とともに量的にも，質的にもバランスを回復すると考えることはできないか。オレームは個々の貨幣の変更については深く考察しているが，なぜか全く

言及しないことがある。発行総額と発行間隔である。市中に残存する貨幣総量（総額）と流通速度の考察が欠けているように見えるが，彼としては，明言してはいないものの，貨幣の最初の規定に合致するように，つまり世界の総価値に見合うように，過剰にならないように，不足することもないように調節するのが，貨幣発行者の責任と考えるのであろう。

少し観点を変えてみよう。

オレームはアリストテレスを熟読し，その作品を当時の日常語に翻訳したが，貨幣についての考えをまとめた際には，アリストテレスの『自然学』ではなく，『倫理学』と『政治学』を援用した。論点の置き方の問題であるが，貨幣を自律的に運動する物体ないし現象と見るのではなく，あくまでも人間が工夫して創出した便利品と見て，そのために，造幣者自身が最初から最後まで，自身の創作物を徹底的にコントロールするのは当然と考えたのであろう。自然法則（ピュースシ）と人的規則（ノモス）はきっちりと区別するべきであると考えたからであろう。

5 影響と評価

ニコルの人生と彼の倫理観をこのように顧みると，古代作家の熟読によって涵養された彼の教養と自身の召命認識から生まれた作品が『貨幣論』であり，神学者であるにとどまらず，国王諮問官として政策に関与する者になるという決意表明であると言えよう。もちろん，これは精緻な数学を駆使した現代の金融論とは似ても似つかぬ内容になっている。通貨は自然財の交換の媒体であり，その発行総額は自然富の総体に等しく，したがって一枚の貨幣はその何

千分の一，あるいは何万分の一かの価値を担い，その価値の真正性の証明として大抵は貴金属で製造されるが，それ自体は価値を増すこともなければ減じることもなく，不変であるはずだと主張する。通貨は変動しないことが発行者の信頼を高め，ひいては社会経済の安定をもたらすから，通貨の変動を見越して売買する投機的行為は自然の秩序破壊に通じる悪の極みであると説く。つまり彼の『貨幣論』は当時の貨幣経済を自律的運動と見なし，現象の観察者として客観的に分析したというよりは，貨幣を生み出し，貨幣を使用する人間の精神は健全であるべし，と，「何々するべし」「何々してはならない」を主張し，越えてはならない一線を明確にした道徳論である。念のために付け加えるが，論者は「古臭い」と非難しようとしている訳ではない。貨幣発行者に限らず，あるいは実業家に限らず，およそ社会活動に携わる者は，マルクス[13]やジンメル[14]を持ち出すまでもなく，アダム・スミス[15]は経済活動に関する論考と同じほど詳細に道徳を論じているし，ケインズ[16]もまた政府高官として公共を強く意識しながら，貨幣政策，財

---

13) Karl Marx (1818-83)。周知のように，政治活動（特にインターナショナルの創設と指導），新聞主幹，そして著作，と生涯をかけて近代産業社会の矛盾と悲惨を批判し，多方面にわたって精力的に活動したが，ここでは代表作を二点のみ挙げる。『経済学批判』（1859年），『資本論』第1巻（1866年）。

14) Georg Simmel (1858-1918)。浩瀚な『貨幣の哲学』（1900年）と『社会学の根本問題』（1917年）を代表作として挙げる。

15) Adam Smith (1723-90)。もちろん代表作は『諸国民の富』（1776年）であるが，それ以前，1759年に『道徳感情論』を公表している。彼の『諸国民』の第1編第11章第3節では過去400年間にわたる銀価格の動向に関する考察があり，第5編第1章第3節では諸国の道徳に言及している。

16) John Maynard Keynes (1883-1946)。代表作は『一般理論』1936年だが，『貨幣改革論』（1923年），『貨幣論』（1930年）もよく知られている。著作は非常に多い。

5 影響と評価　　　　　　　79

政政策を論じ，その実施に深く関与した。

　実際，オレームは経済思想史の中で孤立している訳では
ない。ちょうど100年後，ドイツのシュパイエルで生ま
れたガブリエル・ビール[17]はオレームに強く影響されて執
筆したと思われる。ビールもまた多くの神学者と同様に，
ペトルス・ロンバルドゥスの『命題集4巻』に註解を加え
た。その第4巻で通貨に関する見解を披歴し，君主が通貨
を貶質することは民衆の不誠実な搾取に等しいと強く非難
している。まさにオレームの主張と重なり合う。ビール自
身の貨幣に関する論考は16世紀に刊行された論集に収録
されている。もう一人，ニコラウス・コペルニクスの名を
挙げよう[18]。もちろん，あの天文学者であるが，彼は1528

---

　17)　Gabriel Biel（1420-25生-95没）。ハイデルベルクで教育
を受け，マインツ司教座で説教師を勤めた。ヴュルテンベルク伯
エーベルハルト5世とともに1477年にテュービンゲン大学の設立
に尽力し，1484年にその神学教授となった。『命題集註解』で，ド
ンス・スコトゥス（c.1266-1308）とウィリアム・オッカム（c.1285-
1347）の影響をはっきりと表明している。彼の論考を収録した論
集とはTheodorus Baumius ed.; *Tractatus varii atque utilis de monetis,
carumque mutatione ac falsitate in gratiam studiosorum ac practicorum
collecti*, Köln, 1574. この論集に寄稿した10名はビールの薫陶を受け
た後継者たちと考えられる。またビールの論考とオレームの『貨幣
論』を並録したのは Marquard Freher ; *De re monetaria ... libri duo…
accredit Nicolai Oresmii episcopi Lexoniensis Tractatu de origine & iure
& mutationibus monetarum… cum succito tractatu eiusdem argumenti
Gabrielis Byel Tractatus monetis* …, 1605. いずれも一橋大学社会科
学古典資料センターが所蔵し，閲覧可能である。また参考までに
Oberman, Heiko A.; *The Harvest of Medieval Theology: Gabriel Biel and
late medieval Nominalism*, Cambridge, 1963. および Mäker, Hendrik ;
Nicolas Oresme und Gabriel Bil. Zur Geldtheorie im späten Mittelalter in
Scripta Mercaturae, Zeitschrift für Wirtschafts- und Sozialgeschichte 37
(2003) 1, ss.56-94. を挙げておく。

　18)　Nicolaus Copernicus（1473-1543）。ポーランド王国のハン
ザ都市トルンの富裕な商人の家系に生まれた。クラコゥヴィッツ，ボ
ローニャ，パドワ，さらにフェラーラで教育を受け，多彩な学問領域

80 　　　第 2 部　オレーム『貨幣論』解題

年に『造幣論』を刊行し，その中で，市中で流通している発行済み貨幣の総量が財とサーヴィスの価格を決定するという，いわゆる貨幣数量説を展開した。まさに，オレームに欠落していると先に指摘した第三の論点である。こうした事情を考慮すると，オレームの論考は，君主鑑か貨幣論か，どちらに分類するとしても，忘れ去られることなく，常に一定の読者を獲得してきたと思われ，むしろ倫理学なり政治学なり，何らかの学術書の一節としてではなく，単一の論題として，初めて貨幣を取り上げた最初期の著作家と評することができるように思う。

　ところで，オレームはパリとノルマンディを頻繁に行き来していたのだから，途上，道連れとなった商人たちと世間話を交わすこともあっただろう。したがって実際の経済活動には，たとえば，季節変動があることを十分に承知していたはずである。穀物の播種や収穫は取引の活性を左右する。14 世紀ともなれば，ブドウ栽培と醸造はすでに大都市の消費動向に敏感であった。商品作物を手がける農家が，春先に資金を借り入れて播種や苗の植え付けを行い，秋に収穫し，現金化した後に返済するという，数ヶ月間の短期融資を利用していたこともよく知られている。したがって，先物取引は当然のごとく行われていた。また遠距離交易に従事する商人たちは大型船の出航時，寄港時には沸き立つ。貨幣需要は一年を通じて一定ではなく，その時々に応じて，揺れ幅もリズムも大きく変動する。それが当然であり，「今，買いたい」，「来週，売り捌きたい」と，手元の帳簿に目をやるのは商人なら誰でもしていたことで

――――――――――――――
に関心を持つユマニストに成長した。『天体回転論』の刊行は最晩年の 1543 年だが，1530 年頃には草稿を完成していたとされる。また天文学と並んで，経済学にも強い関心を持ち続けた。なお，本書の第 1 部の底本，ウォロースキー版はこのコペルニクスの論考を併録している。

5 影響と評価　　　81

ある。この時間とともに，時間の中で，時間を追って，目
まぐるしく変化する現実をそのままに認識すること。その
知見とアリストテレス哲学を調和させることは，結局，オ
レームには出来なかった，ないし，しようとしなかったの
ではないか。神学教授として越えてはならない一線である
と考えたのではなかろうか。それが彼の『貨幣論』の頑な
さを説明するように思われる。

第3部

オレームの世界

――14世紀の北フランス――

　14世紀中頃の北フランス社会を論じた内外の専門研究書は非常に多いが、日本語で読める一般向け書籍は意外に少ない。専門研究者の方々には不要と思うが、以下、一般の読者のために多少の贅言を費やす。ジャン・ル・ベル[1]やジャン・フロワサール[2]の年代記、法史料、断片的な会

---

　1)　Jean le Bel（1290頃生 -1370没）リエージュの貴族の家系に生まれ、父は市参事会員であった。彼自身は同市の聖ランベール教会参事会員となった。1327年にはイングランドに渡り、スコットランドとの戦争に参加している。1357年から『真説年代記』の執筆を始めた。その内容は1326年から61年にかけての、つまりエドワード3世期のイングランド、フランドル、エノー、北フランスの実情、特に戦闘の諸局面、をワロン語で活写したものであり、フロワサール（下記の註2を参照）に強い影響を与えた。

　2)　Jean Froissart（1337頃 -1410頃）エノーのヴァランシエンヌに生れ、『年代記』4巻を執筆したが、彼の出自、少年期については不詳。実人生がはっきりするのは1360年代以降、20代に入り、エドワード3世の妃エノー伯家のフィリッパ（1314生 -1328婚 -1369没）を頼って、1361年にイングランドに渡って以降である。68年には王子ライオネルの再婚交渉のため、ミラノのヴィスコンティ家に派遣され、ローマまで足を延ばした。69年にフィリッパ逝去の報を受けると、ロンドンには戻らず、帰郷した。彼の『年代記』の記事は1326年から1400年に及ぶが、イングランド王とフランス王との間の戦争が主題である。もちろん、前半部分、彼が生まれる以前の時期を

計史料に依りながら，あるいは文学作品を何行か引用しながら，内外の個別研究を援用してまとめ上げていくことになろうが，適当なものが見当たらない[3]。14-15世紀を一括して「中世後期」と名付けてしまうと，その表現は自ずと「衰退期」というニュアンスを帯びる。その「世相」や「時代の空気」は沈鬱であったと総括することになる。間違ってはいない。この社会を特徴づける根本的な要因ないし枠組は疫病と戦争である。周知のように1347年から51年にかけて，いわゆる「黒死病」（ペスト）が大流行し，人口が激減したことが社会の性格を決定したことは否めない[4]。食糧生産が人間労働に頼っていた時代の人口減少は社会の貧困化に直結する。

扱った記事は上記のジャン・ル・ベルの『年代記』の採録である。この部分も含めて，1373年頃から『年代記』第1巻の執筆を開始したが（第1稿），その後，1376-83年に全面的に書き直した（第2稿）。86年に第2巻を執筆。1388-89年に南仏を歴訪し，帰郷後に第3巻，1394年のロンドン再訪後に第4巻を執筆した。1400には第1巻の改訂に着手（第3稿）したが，おそらく，彼自身の死去のため，未完のまま中断された。

　3）　欧文文献になるが，Bigot, Jean-Louis, Bove, Boris et Cornette, Jöel ; *Le temps de la Guerre de Cent Ans, 1328-1453.* Coll. Histoire de France, Paris, Belin 2009. このフランス史シリーズは一般向けだが，非常に優れていると思う。社会，経済，文化，政治，全般にわたってバランスの良い叙述になっている。文章は平易だが，平板ではない。図版も多く，読んでいて楽しい。巻末には最新の研究動向への言及があり，研究者を志す方にも好適である。

　4）　村上陽一郎『ペスト大流行』岩波新書，1983年。佐藤猛・佐々木千佳編『ペストの古今東西』秋田文化出版，2022年。外科医ギィ・ド・ショリアック Guy de Chauliac（c.1300-1368，1325年にモンプリエかトゥールーズで学士号習得。その後パリかボローニャで研鑽を積み，48年にアヴィニョンに招聘され，教皇の侍医となる。63年に『大外科学』を刊行）が遺したペスト罹患者の臨床報告はよく知られていて，上記の邦語文献でも引用されている。

もうひとつの要因である戦争はやや微妙になる[5]。19世紀以降の国家総動員型の戦争とは根本的に違うが、「だから」と、単純に文章を組み立てて、一部の限定された人々の問題に過ぎないと言い切ることはやはり難しい。傭兵利用の一般化・恒常化による、軍人のモラルの著しい低下。そこから直接に生じる略奪行為のおぞましさ。他方で、戦争が捕虜獲得競争と表現できるほどにゲーム化したこと[6]。その結果として傭兵の給与と捕虜の身代金請求によって貨幣需要が激増し、額面上の辻褄合わせのために、悪意はなくとも貶質貨幣を大量発行せざるを得なかったこと。それでいて貨幣が秤量貨幣の性格を色濃く残す金属貨であったために、インフレを引き起こし、貨幣そのもの、あるいは貨幣発行者に対する信用が著しく下落したこと。この事態は戦争に従事し、遂行する集団だけでなく、広く社会全体に影響を及ぼしたこと。やはり、このことは述べておかなければならない。

　以上の二つの基本要因を確認すれば、社会不安を引き起こす根本には貨幣の問題、つまり貨幣の品位と発行総量、発行間隔、市中残存量の問題、が横たわっていることに同意が得られると思う。

---

　5)　朝治敬三・渡辺節夫・加藤玄編『中世英仏関係史』創元社、2012年、佐藤賢一『英仏百年戦争』集英社新書、2003年、城戸毅『百年戦争』刀水書房、2010年、佐藤猛『百年戦争』中公新書、2020年。政治外交史で定評があるのは『新ケンブリッジ中世史』のシリーズで、本書が扱う時期に対応するのは Jones, Michael ed. ; *The New Cambridge Medieval History, VI c.1300-c.1415.* Cambridge, 2000. であり、特に Ormrod, W. Mark; England: Edward II and Edward III, pp.273-296. と Jones, Michael; The last Cpetians and early Valois kings, 1314-1364. Pp.388-421. の二編。

　6)　Ambühl, Rémy; *Prisoners of war in the Hundred Years War : ransom culture in the late Middle Ages,* Cambridge University Press, 2013.

この貨幣問題を放置して，一般住民が十分に納得しないうちに税制だけ変更しようとすればどうなるか。あるいは緊急事態だからという口実で，返済を前提とした国債を発行するのではなく，臨時税を徴収しようとすれば，どのような事態に発展するかは自明である。北フランスでの大規模な農民反乱とその弾圧はこのように整理しておきたい[7]。

他方で，治安を維持するという口実で，外国人傭兵が大挙して来訪し，兵舎ではなく，市内に駐屯したらどうなるか。これが 14 世紀中頃の北フランスの現実であった。

第 1 章　貨　幣

13 世紀後半，ルイ 9 世の治世（位 1226-70）には，金貨（ほぼ純金），白銀貨（ほぼ純銀），黒銀貨（銀含有量は 3 分の 1 程度）の三種金属貨で構成する通貨体系が定着し，通貨の整理が浸透した。封建領主の発行する貨幣は，地域通貨としては残存するが，その領邦外では流通が難しくなる。王の貨幣の全国的認知度の上昇，王の貨幣を棄損，熔解，再利用することを大逆罪に分類し，王は貨幣の製造・発行を独占した。また貨幣経済の広範な浸透，貨幣市場の拡大，そして両替商の普及，これらがすべて同時に進行することになる[8]。

そのルイ 9 世が 1266 年に発行した[9]エキュ金貨は純金

---

7)　近江吉明『黒死病の時代のジャクリー』未來社，2001 年。

8)　Contamine, Phiippe, Bompaire, Marc, Lebecq, Stéphane, Sarrazin, Jean-Luc ; L'Economie Médiévale, Paris, 1993., pp.261-267.

9)　以下，種々の貨幣の記述については，主として Belaubre, Jean ; Histoire numismatique et monétaire de la France médiévale, Paris, 1986. を参考にし，下記の脚注に挙げた Bompaire と Dumas の共著に

（24 金）で，1 マール（＝244.75 グラム）の金塊から 58 と 3 分の 1 枚の割合で製造され，市中の通用価値は 10 スー・トゥルノワ（＝ 1/2 リーヴル）と規定された[10]。

同時に発行されたグロ銀貨は王銀（理論上，100％の純銀の 12 分の 11 と 2 分の 1，つまり 11.5/12 ＝ 95.8％）で，1 マールから 58 枚の割合で製造され，その通用価値は 12 ドニエ（1 ソル）・トゥルノワであった。やはり同時に発行され，通用価値が 1 ドニエのドニエ銀貨は，1 マールを 218 枚に分割し，含有率は王銀の 3 ドニエ 4 分の 3（このドニエは含有率の単位を意味し，12 ドニエ ＝ 100％とするので，1 ドニエは 1/12 ＝ 8.3％）だったので，2 種類の銀貨のバランスはよく保たれている。王銀 1 マールを 58 分割したコインの通用価値と王銀を 16 分の 5（＝ 3 3/4 × 1/12）しか含まない銀マールを 218 分割したコインの通用価値を比べると，218 × 16/5 ÷ 58＝12.02 と計算して，確かに，ほぼ 12 対 1 になっていることが確認できる。

またこの時，金のマール単価はエキュから逆算すると，29.17（＝1/2 × 58 1/3）リーヴルであり，純銀のマール単価はグロから逆算して，理論上 3.02（＝1/20 × 58 × 12/11.5）リーヴルになるので，金銀の比価は 9.65 となり，金価格は同量の銀価格の 10 倍に達していない。

フィリップ 3 世は聖ルイ 9 世の貨幣発行を踏襲し，大きな変更を加えていない。

よって若干の修正を加えた。

10)　「トゥルノワ」はいわゆる計算貨幣（金銭を勘定する体系）のひとつであり，フランス全土によく普及した。「パリジ」は王領ないしその周辺の限られた土地で限定的に使用され，特に王国南部には広がらなかった。もちろん，地域的な計算貨幣は非常に多く存在し，それぞれの換算率もほぼ固定していたが，全国的な統一は大革命期の度量衡改革で初めて実現する。各地の計算貨幣の換算一覧は Bompaire, Marc et Dumas, Françoise ; *Numismatique médiévale, L'Atelier du Médiéviste 7,* Brepols, 2000., pp.587-594.

第 1 章 貨 幣　　　　87

　フィリップ 4 世期に入ると，金貨，銀貨は顕著な相違を
示すようになり，金銀の比価が一定の範囲内に収まるよう
に留意されていたようには見えない。治世前半に金価格は
34 リーヴル（トゥルノワ，1 マール当たり）を越え，後半
になると 57，58 リーヴルといった価格が目につくように
なるが，特に 1303 年 8 月 22 日に発行された「玉座のエ
キュ」は，8 年前の 1295 年に発行された「大槌のエキュ」
に比して，通用価値を 2.5 倍に引き上げたため，一気に
109 リーヴルという値を付けることになった。貨幣が含む
純金はほぼ同量だが，名目上の表面価値は大きく引き上げ
るという超インフレ政策を実施したことを意味する。他
方，銀価格はフィリップ 4 世の治世前半までは大きな変
動は見られず，ルイ 9 世以来，3.02 リーヴルを維持して
いたが，やはり 1303 年，上記の「玉座のエキュ」と同時
に発行された「グロ」は，従来 12 ドニエであったものを
26.5 ドニエと 2.2 倍に引き上げた結果，マール価格は 8.91
リーヴルと 3 倍に迫る沸騰を示した。1303 年はフランド
ル戦争と教会対応に追われた年である。
　この強引な貨幣政策は一度限りで，金貨も銀貨も 1305
年発行分からは以前のレベルに戻るが，それでも発行の度
に微妙に変更されることが多く，全く変更点のない，完全
に同一の貨幣が継続的に発行されることはまずなかったと
言ってよい。あえて時期を区切って整理するなら，1330
年代まで，つまりヴァロワ家のフィリップ 6 世の治世前半
までは，金貨の通用価値は 1 枚 20 スーから 25 スー・トゥ
ルノワ，金のマール単価は 40 リーヴル後半から 60 リー
ヴル後半で推移した。ところが治世後半，1340 年から 42
年までは，金貨のサイズは大きく，マールあたり 30 数枚
というケースが多く，その通用価値も 75 スー・トゥルノ
ワであった。金のマール単価は 112 リーヴルから 200 リー
ヴルの間である。43 年 4 月発行の「玉座のエキュ」から

はサイズは 52 枚ないし 54 枚，価額は 20 スー・パリジ
（＝ 25 スー・トゥルノワ）で，マール単価は 45 リーヴル
から 77 リーヴルで，相対的には安定化に向かったと，ま
とめることができる（表 1 とグラフ 1 を参照）。

　銀貨の場合，1306 年発行のグロから以前の品位に復帰
し，58 分割，王銀 100％，通用価格 13 と 1/8 ドニエ，銀
マール価格は 3.31 リーヴル・トゥルノワとなった。以後，
1330 年代末まではグロの通用価格は 12 ドニエ，ドニエ貨
は 1 ドニエであったが，グロが王銀 100％を維持したのは
1329 年 9 月 6 日発行分が最後となる。ドニエやドゥブル
は大体 3 分の 1，30 数パーセントの銀しか含んでいない
が，グロもそれに準じた品位となる。銀マールの価格は
1333 年までは 3 リーヴル台を維持したが，37 年に 4 リー
ヴルを越えると，それ以降，上昇を続け，41 年 1 月発行
分から 10 リーヴルを越えた。発行回ごとの変更が激しく，
人為的で，政策を反映したものであるから，農産品と違っ
て，移動平均の手法でグラフを滑らかにした上で，適当
に時期を区切って，それぞれの傾向をまとめるのも難し
い。そこで，ルイ 9 世の治世からジャン 2 世の治世まで，
1266 年から 1360 年まで，約 100 年間の代表的な金貨と銀
貨の一覧を示した別表とそれを基礎とした折れ線グラフを
参照してほしい。銀貨は種類が多いので，代表的な白銀貨
グロと黒銀貨ドニエを示す（表 2 とグラフ 2 およびグラフ
3 を参照）。

　もうひとつ言及しておきたいのは「強貨」と「弱貨」で
ある。これは貨幣が含有する貴金属量の多寡を問題とし，
金貨，白銀貨を問わず，含有量が 100％の高品位貨幣を
「強い」と称し，純度が 100％に達しない低品位貨幣を「弱
い」と呼ぶ。白銀貨の場合は，すでに言及したように，刻
印された銘文「トゥール市 TVRONVS ＊ CIVIS」中の文
字「オー O」の形態，「丸いオー」（図版 1）か「長いオー」

第 1 章　貨　幣　　89

（図版 2）か，によって容易に判別できる[11]。

　ボンペールとデュマによれば，1285 年から 95 年までが
強貨（ロワイヤル 24 カラット，グロ 12 ドニエ），その後，
95 年から 1305 年までが弱貨（マス 22 カラット，グロ 9 ド
ニエ），05 年から 11 年までは強貨（ロワイヤル 24 カラッ
ト，グロ 12 ドニエ），11 年から 13 年が弱貨（アニェル 24
カラット，ブルジョワ・サンプル（ドニエ・パリジ相当）3
ドニエ 2/3），そして 13 年から 15 年を強貨（アニェル 24
カラット，ドニエ・パリジ 4 ドニエ 1/2）としている[12]。つ
まり，品位が数年ごとに目まぐるしく変更されたことがよ
く分かる。

　さて，13 世紀後半には，生産と消費が貨幣を媒介とし
て結びつく経済の在り方が一般化したため，当然のことと
して貨幣，特に日常に使用される銀貨，の需要が強まり，
素材としての銀価格の高騰が続く。そのために，銀含有量
を削減した貨幣の発行を余儀なくされたが，この対応は素
材を節約しながら，貨幣需要に応えることになり，政権担
当者には巧妙な施策と思えただろうが，秤量貨幣の考え方
が色濃く残っている世界では，当然ながらインフレ圧力と
なり，物価の上昇傾向を生み出す。貨幣が含む銀の量が，
その表面価格に見合わないので，貨幣価値が財とサービス
に対して相対的に下落傾向を示すからである。その中で，
何度か（1305 年，1313 年，1330 年，1343 年，1360 年）改
革と言えるほどの大幅な品位引き上げ（銀含有量に見合う
レベルまで表面価格の引き下げ）が実施された。それでも，

---

　11)　図版は Bompaire, Marc et Dumas, Françoise ; *Numismatique
médiévale, pp.604-605.

　12)　Bompaire, M. et Dumas, F. ; *Numismatique médiévale,* pp.597-
599.

90　　　　　　　第 3 部　オレームの世界

図1　丸いオーのグロ銀貨

（1278年から90年頃まで製造。王銀1マールを58分割。
通用価値は12ドニエ・トゥルノワ。BNF266）

左90度回転

中心部分は十字架のある尖塔を備えた教会堂ないし城砦のイメージ

外周部分は卵型の枠に囲われた百合の花（フランス王家の紋章)

丸いオー

文字列は中心から周縁方向を見る

出典）　写真版は, BOMPAIRE, Marc et DUMAS, Françoisc:
　　　　Numismatique médiévale p.603.から借用。描画は著者作成。

第1章 貨幣　　91

図2　長いオーのグロ銀貨

(フィリップ4世期に製造。詳細不詳。BNF217)

左90度回転

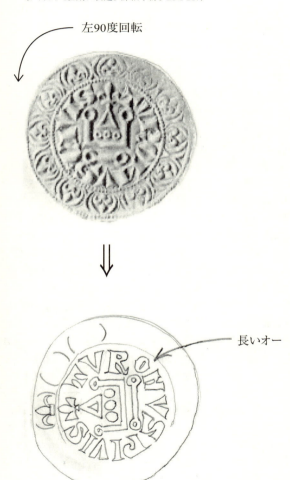

長いオー

55 年までは銀のマール単価が 18 リーヴル・トゥルノワを越えることはなかった。ところが 55 年 8 月のグロ第 2 回からは 10 リーヴル，20 リーヴルを越えることが常態化する。要するに，高品位貨幣を発行するために必要な素材としての銀を十分に確保することができなかったからである。特に 60 年 2 月 28 日発行の「星印のグロ」第 7 回の 104 リーヴルと 3 月 15 日の同第 8 回の 130 リーヴルは突出している。しかもこの「星印のグロ」は 59 年 11 月の第 1 回から，その公定通用価格を 30 ドニエ・トゥルノワに設定された。従来は 15 ドニエ・トゥルノワが一般的であったから，かなり異常であったと言える。

　好意的に理解するなら，この時，秤量貨幣の延長上にある本位貨幣から，信用貨幣への転換，貨幣に対する考え方の革命的な転換への賭場口に立っていたと言えるのだが，貨幣発行者に対する信用が定着し，不信や不安が抱かれなくなるには，発行者たる政治権力の安定と継続が前提となるが，14 世紀のフランスにおいては，この前提条件は全くと言ってよいほど欠落していたと言わざるを得ない。

　銀貨の品位を落とし，含有量を削減したり，サイズを小さくしたりする方法と，貨幣それぞれの内実を変えずに，通用価格を引き上げることとは根本的には同じ効果が期待できる。銀の使用量は節約するが，貨幣の発行量は減らさず，経済活動の活性は維持するというインフレ政策の基本である。そもそも，金銀の適正な価格はそれ単独で決定されるわけではない。

　　すると逆方向の変更，つまり銀含有量を増加させる，サイズを大きくする，あるいは通用価値を引き下げる，これらは高品位貨幣を製造・発行することになり，発行者の威信を高めることにはなるだろうが，経済全般に及ぼす効果は，言わば「重い」貨幣が流通を支えることになるから，流通を減速させ，デフレを招くことになる。戦争とい

う重荷を支えるためには，インフレとデフレとどちらが良いのか。オレームはその点を考えただろうか。いくら高品位の貨幣を発行していても，敗北すれば，君主の威信など，いくら論じても意味がない。

「星印のグロ」が8回に上る発行を終えた2週間後，1360年3月27日に新銀貨「職人のグロ」が発行されるが，このグロから逆算したマール単価は12.5リーヴルである。つまり銀価格は一気に10分の1になった。つまり内在価値を10倍以上に引き上げた高品位貨幣の発行を実現したことを意味する。この時，オレームは『貨幣論』を執筆し，公刊した後であったから，この極端な改定は，君主たる者，高品位貨幣を長期間にわたって継続的に発行すべき，という自身の主張が受け入れられたためであると考えたであろうか。『貨幣論』が実際の貨幣政策に及ぼした影響を明確に評価することは難しい。彼自身がシャルル5世の諮問官であったのだから，彼の主張が無視されることはなかっただろうが，高品位貨幣がデフレを招くことを彼は当然のことで，別に悪しき方向ではないと考えていたのだろうか。

第2章　戦　　争

この社会の規定因である「戦争」はフランス王家たるカペ家とイングランド王家たるアンジュー・プランタジネット家の間で断続的に継起したものであるが，そもそもは，と起源を遡らせると，本書の論点が曖昧になってしまうので，13世紀初頭，イングランドはジョンの治世（1199-1216）から，フランスはフィリップ2世の治世（位1180-1223）から，簡単に振り返っておきたい（系図1を参照）。

プランタジネット家はもともとフランスの貴族であ

り，大陸に多くの所領を保有していた。ところが，1202
年イングランド王ジョン（位 1199-1216）は自身の失政の
ために，フランス王フィリップ 2 世との戦闘に追いこま
れ，1204 年ノルマンディ，1205 年アンジュー，1206 年
ブルターニュ，と北フランスの領土を次々に奪われ，結
局，大陸ではアキテーヌのみ，かろうじて保持することに
なった。その失地回復のために画策した大掛かりな戦闘も
1214 年 7 月，ブーヴィーヌに敗北し，大陸所領の奪回は
ジョンの子孫が継承する大きな課題として残った。

1　ヘンリー 3 世の大陸遠征とパリ条約

　イングランド王ヘンリー 3 世（位 1216-72）は 1225-27
年，1230 年，1242 年，1253-54 年，4 度にわたり大陸遠
征をおこなったが，目ぼしい戦果はなく，結局，1258 年
5 月 28 日ルイ 9 世（位 1226-70）との間にパリ条約を締結
した。その主内容は（1）ヘンリー 3 世は大陸に保有する
ノルマンディ，メーヌ，アンジュー，トゥーレーヌ，ポワ
トゥーを放棄し，（2）ルイ 9 世に臣従礼を捧げる（封建家
臣たることを確認する儀式であり 1259 年 12 月 4 日に実施し
た）。これに対して（3）ルイ 9 世は旧アキテーヌ公領をヘ
ンリー 3 世およびその子孫の相続封土として認める。と，
三点にまとめられる。これ以降，1290 年代まで，両王家
の関係は安定した。

2　ギュイエンヌ戦争

　1286 年 6 月 5 日イングランド王エドワード 1 世（位
1272-1307）はパリでフランス王フィリップ 4 世（位 1285-
1314）に対して，ギュイエンヌならびにアキテーヌの領有
者として臣従礼を捧げ，フィリップを宗主として承認し
た。
　1293 年ブルターニュ近海で，イングランドとガスコー

第2章 戦　　争　　　95

ニュの混成艦隊がノルマンディ船隊と遭遇し，海戦に発展
したが，これを制すると，さらに港湾都市ラ・ロシェルを
襲撃するという事件が突発した。この件にイングランド王
エドワード1世が関与した，ないし指揮したという証拠
はない。単に船員同士の諍いがきっかけであった可能性
が高い。しかしフランス王フィリップ4世はこの事件に
よる被害を深刻に受けとめ，ガスコーニュを含む広域ア
キテーヌの宗主権者としてエドワード1世の責任を追及
した。1294年5月フィリップ4世の意を受けたパリ高等
法院はエドワード1世を不実な家臣として断罪し，アキ
テーヌの没収を宣言した。カペ家とアンジュー家の関係は
新局面に突入し，全面戦争に発展した。これをギュイエン
ヌ戦争（1294-96年）と呼ぶ。ほぼ同時にフランドルでも
衝突が発生し，エドワードはフランドル側に立ち，この地
でもフランスと交戦した。この事態を収拾するために，両
王は1299年6月19日にモントルイユ停戦条約を，さら
に1303年5月20日にパリ和平条約を締結。93年のラ・
ロシェル事件に始まるギュイエンヌ戦争を決着させ，和平
を樹立した。この和平条約によって，イングランド王エド
ワード1世はギュイエンヌ領有を確保するとともに，フ
ランス王フィリップ4世（17歳）の妹マルグリットと婚
姻し，フィリップの娘イザベル（7歳）をイングランド王
太子エドワード（後の2世）と婚約させた。1303年9月8
日，エドワードとフィリップはアミアンで再会し，この条
約内容を確認した。

3　サン・サルドス戦争
サン・サルドスはガスコーニュの小村で[13]，ベネディク

---

13)　Saint-Sardos はモワサック Moissac の南約 25km，トゥールー
ズ Toulouse の北西約 40km に位置する。

96   第3部　オレームの世界

トゥス派の修道院があった。その母院はギュイエンヌのサ
ルラ修道院であった[14]。1318年そのサルラの院長がパリ高
等法院に対して，新都市の建設を条件に，サン・サルドス
村がアキテーヌ公の司法管轄外にあると宣言してほしいと
陳情。1322年12月，高等法院はこれを認め，23年10月
15日，国王執達吏をサン・サルドス村に派遣し，フラン
ス王の紋章のある柱を立てさせた。

　地元の土地領主は新都市が建設されれば住民が移住し，
税収が低迷し，経済活性が奪われるとして，この措置に不
興を示した。国王執達吏到着の翌晩，モン・プザ[15]領主レ
イモン・ベルナールなる者がサン・サルドスを襲撃し，火
をかけ，国王執達吏を彼自身が建てた柱に吊るした。

　エドワード2世（位1307-27）は国内で議会と対立して
いたため，フランスと事を構える余裕がなく，遺憾の意を
表明し，自身は本件に関与せず，と主張したが，それを信
じる者はいなかった。ガスコーニュのセネシャル，つまり
フランス駐在イングランド行政長官たるラルフ・バッセが
サン・サルドス襲撃事件2日前にレイモン・ベルナール
に面会していたことが判明したからである。フランス王権
はこのバッセを事件の黒幕と見て糾弾した。

　1324年3月バッセが召喚されると，4月にはケント伯
エドモンド・ド・ウッドストック[16]とダブリン大司教アレ

―――――――――――

　14)　Sarlat の現在名はサルラ・ラ・カネダ Sarlat-la-Canéda で，
モワサックの北，約90kmに位置する。そのベネディクトゥス派修道
院の創建は9世紀前半に遡り，司教座教会が隣接する。

　15)　Montpezat はモワサックの北東35km，カオールの南25kmに
位置する。

　16)　Edmund of Woodstock（1301-30）。エドワード1世の第6王
子。エドワード2世の異母弟。最初のケント伯。国内政治では，エド
ワード2世の寵臣ディスペンサー父子に対抗し，王妃イザベルとロ
ジャー・モーティマーの側に立った。また対スコットランド，対フラ
ンスの外交交渉にも尽力した。

第 2 章 戦 争   97

クサンダー・ド・ビクノア[17]を長とするイングランド外交
団が派遣されたが，フランス王シャルル4世（位1322-28）
は6月にはアキテーヌ境界線直前まで進軍を下命した。

　イングランド外交団はパリに到着しても冷遇され，実行
犯であるモン・プザのレイモン・ベルナール引き渡しを約
し，次いでボルドーを訪問して実情を視察。すると地元の
貴族層の中にはシャルル4世の対応に強い不満を抱いて
いる者もいることが判明したため，ケント伯は方針を転換
し，抵抗を決断した。フランス王の官吏は空手で帰還せざ
るを得なかったので，シャルル4世は公領没収を宣言し
た。

　1324年8月フランス王シャルル4世の叔父シャルル・
ド・ヴァロワがアキテーヌに侵攻。イングランド側は準備
が間に合わず，ほとんど無防備の状態にあり，シャルル・
ド・ヴァロワはフォワ伯など地元貴族の協力を得て，次々
に勝利をおさめ，6週間もかけずにほとんどの都市を降伏
させた。ケント伯だけがラ・レオル[18]に立てこもって抵抗
を続けたが，それも降伏に追い込んだ。

　フランス側はアキテーヌ公の領土全体はもとより，ガス
コーニュ全域を没収することもなく，アジャン[19]周辺のみ
を切り離した。イングランド側の戦争敗北はエドワード2
世の国内での立場を悪化させた。

　1325年3月エドワード2世の妃イザベル（シャルル4
世の妹）が交渉の使者として，息エドワード・オブ・ウィ
ンザー（後の3世，位1327-77）を伴ってパリ訪問。王妃

---

　17)　Alexander de Bicknor（1260頃生-1349没）出自不詳。1317
年から死去するまでダブリン大司教。
　18)　La Réole はボルドーから南東へ62km，ガロンヌ川沿いに位
置する城砦都市。
　19)　Agen は，やはりガロンヌ川沿いの都市で，ラ・レオルから
南東へ65km，モワサックから西北西へ40kmに位置する。

イザベルはこのエドワードをアキテーヌ公とポンテュー伯とし、彼に臣従礼を行わせることで、王シャルル4世と合意した。実際、息エドワードに父王エドワード2世はアキテーヌとポンテューを譲渡したため、この封土に対して9月24日エドワード・オブ・ウィンザーはヴァンセンヌ城でフランス王に臣従礼を捧げ、サン・サルドス戦争を終結させた。

4　カペ家の断絶とヴァロワ家の王位継承

1328年2月1日、フランス王シャルル4世が没すると、4月2日のフランス王国集会において、フィリップ・ド・ヴァロワがフランス王に選出された。エドワード3世は使者としてウースター司教アダム・オルトン[20]とコヴェントリー・リッチフィールド共司教ロジャー・ノースバラ[21]を派遣したが、彼らがパリに到着したのは5月16日であり、この時には、すでに議論は決着済みであった。選出されたフィリップは5月29日にランスで戴冠し、フランス王フィリップ6世となった。この後、少なくとも表面的には、王母イザベルもエドワード3世もフランス王位に固執していない。

ヴァロワ家のフィリップがフランス王位に即位したことに異を唱えない以上、エドワード3世にはアキテーヌ公、

---

20)　Adam Orleton（生年不詳 -1345 没）。ヘレフォード Hereford の一族に出生。1317 年にヘレフォード司教に就任して以降、27 年にはウースター Worcerer 司教、そして33 年からウィンチェスター Winchester 司教を歴任。

21)　Roger Northburgh（生年不詳 -1358 没）出自不詳。エドワード1世の治世、1306 年ないし07 年に王の納戸部の一員として雇用され、エドワード2世期も、そのまま勤務した。1312 年までに玉璽 Privy Seal 役に任命された。1321 年からコベントリー Coventry とリッチフィールド Rich-field の共司教。1340 年には王の財務官に指名されている。

およびポンテュー伯として新王フィリップ 6 世に臣従礼
を捧げる義務が生じる。フィリップはエドワードに臣従礼
を強要するために、ガスコーニュ侵攻を準備。「選ばれた」
王として権力基盤が脆弱であるがゆえに、いわば「見せし
め」が必要であった。1329 年 2-3 月のガスコーニュ侵攻
に騎兵 5,000 名、歩兵 16,000 名を動員し、そのために 45
万 5 千リーヴル・トゥルノワを費消している。

　1329 年 6 月 6 日アミアンでエドワード 3 世はフィリップ
6 世に臣従礼を捧げ、さらにエドワードは相続上納金 6
千リーヴルの支払いに合意した。エドワードはフランス軍
のガスコーニュ侵攻を阻止するために、封建関係を甘受し
たが、サン・サルドス戦争の結果、フランス側が占領した
アジャンの返還を要求した。1330 年 5 月 8 日ヴァンセン
ヌ城で交渉。エドワードは優先臣従礼を行うか、所領を失
うかの選択を迫られ、結局、31 年 3 月 30 日優先臣従礼を
選択した。これによって、エドワード 3 世はフィリップ 6
世の王位継承を追認し、自身の王位請求権を暗黙のうちに
放棄したことになる。エドワードがこのような決断を下し
たのは、イングランド国内の混乱のために軍事動員は困難
な状況にあり、その中でアキテーヌ領有権を確保するため
の最善策であると考えたためと理解される。

5　ロベール・ダルトワ事件

　アルトワ伯領は 1302 年にロベール 2 世の娘マオーが相
続した。そのマオーの娘ジャンヌはカペ家のフィリップ 5
世と結婚し、彼らの娘、つまりマオーの孫娘の一人ジャン
ヌはブルゴーニュ公ウード 4 世と 1318 年に婚姻。もう一
人の孫娘マルグリットはフランドル伯ルイと 1320 年に婚
姻。いずれもフランス同輩貴族であった（系図 2 を参照）。

　アルトワのロベールはヴァロワ家のシャルルの娘ジャン
ヌと 1318 年に婚姻したため、王フィリップ 6 世の義弟に

100   第 3 部　オレームの世界

当り，フィリップによって同輩貴族に叙された。ロベール
は王フィリップ 6 世を支持することによって，アルトワ伯
領を自身に譲渡させることを目論んでいたが，フィリップ
6 世はブルゴーニュ公ウード 4 世の妹ジャンヌと結婚して
いた。ブルゴーニュ公はマオーに繋がる。こうした婚姻関
係から，王フィリップはロベールに一方的に与することは
できなかった。

　ロベールは王フィリップを動かしてアルトワを相続する
見込が薄いと判断し，1329 年夏，国王文書の偽造に手を
染めた[22]。ロベールの祖父である伯ロベール 2 世（1302 没）
が息子フィリップ（1298 没）の子孫を相続人に指名する
とした遺言を遺していて，それを 55 名に及ぶ人々が見た
という印璽のある国王証書を偽造したのである。この偽証
書をかざしてロベールはアルトワ伯領の相続を主張し，訴
訟を起こす。ところが 1329 年 11 月 27 日，叔母マオーが
突然死，その直後，マオーの娘ジャンヌも突然死。毒殺の
うわさも流れるが，むしろ両人の死亡を神明と考える人々
も多く，ロベールの訴訟そのものは有利に運ぼうとしてい
た。ところが 1330 年 12 月パリ高等法院の審理中，ロベー
ルの文書偽造が発覚し，それまでは彼を支持してきた多く
の貴族が幻滅し，離反した。

　32 年 4 月 6 日フィリップ 6 世自身が主催する同輩法廷
が開催され，国王文書を偽造した罪（大逆罪）で，ロベー
ルの紋章を破断し，宮廷からの追放，全財産没収を宣言し
た[23]。するとロベールはブラバンへ逃亡し，さらに 1334 年
にはロンドンへ亡命したところ，エドワード 3 世から厚遇
された。1336 年 12 月フィリップ 6 世はガスコーニュ代官

　22）　以下，Theis, Laurent ; *Chronologie commentée du Moyen Age
français*, Paris, 1992. を参考にした。
　23）　アルトワ伯領は，結局，マオーの孫娘ジャンヌと結婚した
ブルゴーニュ公ウード 4 世が相続した。

第 2 章 戦 争 101

を通じてロベールの引き渡しを要求したが，エドワード 3
世は拒否し，翌 1337 年ロベールに 1,200 マールの年金と
3 城の管理権を授与した。この措置がフィリップを激怒さ
せる結果となり，1337 年 5 月 24 日フィリップはアキテー
ヌとポンテューの没収を宣言した。これに対して，同年
10 月 7 日エドワード 3 世はリンカーン司教ヘンリー・オ
ブ・バーゲーシュ[24]をパリのフィリップ 6 世の許に派遣し
（11 月 1 日到着），挑戦状を突きつけた。これによって，パ
ターン化され，何度も繰り返された戦争，つまり封主たる
フランス王による知行地没収宣言，それに反発した封臣た
るアンジュー・プランタジュネ家イングランド王の宣戦，
大陸での戦闘開始と，ここまでは従来通りであったが，そ
の先が大きく変わった。従来は侵攻したイングランド軍を
フランス騎士軍が圧倒し，戦闘は短期間で終了し，和平交
渉へと事態は進行していた。ところが，この度は 1340 年
6 月 24 日スリュイス（レクルーズ）の海戦。1346 年 8 月
26 日クレシーの戦い。フランス側は立て続けに大敗を喫
し，55 年 9 月末から年末にかけて黒太子（エドワード 3 世
の長子）の大遠征では，なす術もなかった。この戦闘状況
は従来とは大きく異なり，簡単に終わることはなかった。
決定的だったのは 56 年 9 月 19 日ポワティエの戦いで，
フランス王ジャン 2 世が捕虜となったことである。以後，
ロンドンで交渉が継続され，最終的に 60 年 10 月 24 日ブ
レティニィ・カレー条約が調印され，ようやく区切りをつ
けた。1337 年から数えて，23 年に及ぶ。王ジャン 2 世の
身代金は総額 300 万エキュ，年に 40 万エキュを 8 年間に
わたって支払う。その間，王に代わる人質数名をロンドン

---

24) Henry Burghersh（1292-1340）。1320 年からリンカーン司教。
27 年から 28 年まで財務官。28 年から 30 年までイングランド大法官。
34 年から 37 年まで，財務官を再任。

に送る。フランス王は「大アキテーヌ」に対する宗主権を放棄し、イングランド王エドワード3世は1340年に宣言したフランス王位請求を放棄する。これがカレー条約の中心となる内容であった[25]。

第3章　統治機構と権力者

さて、フランス革命以前の旧制度社会を論じる時、「三部会」と日本語に訳される身分制議会、「高等法院」と訳される司法機関など、幾つかの国家機構は高校教科書にも記載され、政治運営の中核として重要な役割を演じていた[26]ことは想像できるが、その成立過程や権能に関しては十分に説明されていない。いずれも14世紀始めにその原型が出来上がり、運用が始まる。つまりオレームが王の側近として活動を始めた頃には、まだ目新しい組織であった。それぞれの形成過程をここで、簡単に説明しておきたい。

1　機能分化と機構の形成

「王の側近たち」と漠然と表現するしかない取り巻き集団が機能分化を起こし、王の家政を支える人々と、王とともに国家統治の意思決定を行い、その実現に尽力する人々と、大きく二つの部門に分かれていくのは11世紀末のこ

---

25)　Demurger, Alain ; *Temps de crises, temps d'espoirs, XIV°-XV° siècle, Nouvelle histoire de la France médiévale 5* ; Paris, 1990. pp.34-36. 朝治・渡辺・加藤編『中世英仏関係史』第3章から第6章、50-126頁。戦争の各局面の詳細は佐藤猛『百年戦争』。「百年」の呼称に関する簡潔な説明は中野隆生・加藤玄編『フランスの歴史を知るための50章』明石書店、2020年の第15章（花房秀一執筆112-118頁）

26)　トクヴィル、アレクシス・ド・『旧体制と大革命』ちくま学芸文庫、1998年。

第 3 章　統治機構と権力者　　　103

とと説明される[27]。前者を代表するのが家令 sénéchal，主
馬長 connétable，近侍 chambrier（侍従 chambellan），大膳
職 bouteiller の四職であり，家令は 1191 年に王フィリップ
2 世によって廃止され，替わって家政長 Maître d'hôtel が
設置された。また尚書 chancelier（法令をはじめ，様々な文
書を作成し，管理する）と請願審査官 maîtres des requêtes
（王に宛てられた多様な請願を審査し，その対応を振り分け
る）も重職であり，このグループに含まれる。

　他方，「宮廷」は封主たる王と封臣たる諸侯との協議と
意思決定の場であり，同時に親睦を深める饗宴の場でも
あった。ここで重視されるのは古い封建慣習，つまり封主
に対する封臣の「助力と助言」Auxilium et consilium の義
務であった。これは国王ないしその後継者の婚姻問題，教
会に係わる問題，諸侯間の紛争，国外の君侯との同盟，戦
争，休戦，和平，さらには十字軍などに関して封主たる王
への助言や軍事上・金銭上の助力を表明する場であるとさ
れたが，事実上，封主，封臣間の親善のための饗宴の性格
が強かった。

　そこで，13 世紀以降，こうした饗宴，儀礼的性格を薄
め，実質的な政治運営機関への転化を図ることになり，こ
の「宮廷」から，さらに四つの機構が派生する。

　第一に，「助言」に特化した国王諮問（評議）会が 1316
年に設置される。これは正確には大諮問会 Grand Conseil
と言い，正規の国王諮問官（聖俗大諸侯）に国王の任命す
る専門家を加えて構成され，月に一度開催された。現代の
研究者が，通常，小諮問会と呼ぶ諮問会が 2 年後の 1318

―――――――――
　27)　以下の説明の典拠は，古典的には Lemarignier, Jean-
François; *La France médiévale. Institutions et société*, Paris, 1970. 比較
的近年のものとしては Mattéoni, Olivier ; *Institutions et pouvoirs en
France, XIV°-XV° siècles*, Paris, 2010.

年に「新たに」設置されるが，実はこの会議は正式な名称を持たず，構成も固定していない。「諮問会」という語に「（範囲の）狭い étroit」，「私的な privé」，「内密の secret」といった形容詞を伴わせ，常設であった。両者は 15 世紀に入ると，次第に役割分化がはっきりするようになり，大諮問会は国王専決訴訟 cas royaux[28] を扱う特別司法機関としての性格を強め，小諮問会の方は王国最高の立法・行政機関として，王ないし王国の意志決定の場となっていった。

第二に「助力」に関わる，特に財政面で王を援助するための組織として成立するのが身分制議会，全国三部会 Etats Généraux と地方三部会 Etats Provinciaux である。両者に直接の関係はなく，上下関係もない。よく知られているように，三身分とは，聖職者，貴族，そして第三身分であるが，この第三身分とは都市の代表であり，農民代表は存在しない。それぞれの身分の利益代表だが，地域代表という性格もあり，農民の利益は領主層つまり農村地主が代弁すると考える。

1263 年，王ルイ 9 世が新貨幣の発行に関して，パリ，プロヴァン，オルレアン，サンス，ランの代表を召集して下問したことを嚆矢とし，この種の政治集会の先例とするが，この時は王側が応召者と個別に応対し，多様な社会集団が一堂に会して議論したわけではない。

通例，最初の全国三部会として知られているのは，1302 年 4 月 10 日，王フィリップ 4 世が全国の代表をパリに召集し，フランドル戦争の戦費調達を打診した集会である。この時，王は国内の聖職者からも財政援助を求め，そ

---

28) 文字通り，王が判決を下す訴訟であり，河川通行税，市場開設税，塩税，動産徴発税，および水利・森林資源の利用に係わる訴訟が挙げられる。

第 3 章　統治機構と権力者　　　　105

のために教皇ボニファティウス 8 世と対立していた。翌
1303 年，王と側近は無謀ともいえる強硬策を講じた。

　1314 年から 28 年の間に，つまりフィリップ 4 世の 3 人
の子供たち，ルイ 10 世，フィリップ 5 世，そしてシャル
ル 4 世の治世に，全国三部会とは何を論じ，何を決定す
る場なのか，その基本的性格が定まる。国王が戦争代納金
subsides，あるいは御用金（援助金）aides を全国から徴収
する意向を持っていることを表明し，各身分代表に同意を
求め，具体的な徴収額，徴収方法，徴収時期を議論する場
となる。つまり，三部会とは慣習化していない賦課租の徴
収を実施するための作業部会であり，税負担の軽減交渉の
材料として，応召者たちが何らかの要求を提起することは
あったとしても，本来，立法や司法の機能を有する国政機
関ではなかった。しかもそうした要求は，多くの場合，社
会集団ごとに利害が異なるから，「全国民」が一体となっ
て王権と対峙するという状況は起こり得なかった。この
14 世紀には「万人に関わる問題は万人の同意を要す Quod
omnes tangit ab omnibus approbetur.」というユスティニア
ヌス法典に見られるとされる文言が取り沙汰されるように
なる。同法典には確かに類似した文言はあるものの，正確
な引用とは言えず，しかも，この原則は，本来は，「だか
ら（万人の）代表を召集して合意を求める」という代表原
理を意味していたはずだが，課税原理を表現する法諺であ
り，納税者は発言権を持つと曲解され，むしろこの解釈が
正当と見なされるようになった[29]。

　第三に挙げるのは，会計院 Chambre des Comptes である
が[30]，この組織は家政機関から分化したと言えるのかどう

────────────

　29)　Post, Gaines ; *Studies in medieval legal thought : public law
and the state, 1100-1322*, Princeton University Press, 1964.

　30)　Lalou, Elisabeth ; *La Chambre des comptes de Paris : sa mise
en place et son fonctionnement (fin XIII°-XIV° siècle)*, Contamine, Philippe

106 第3部 オレームの世界

か。1295年に，財務（機能）がテンプル騎士団要塞から
ルーヴル宮に移転され，さらにシテ宮に再移転された。こ
の13世紀末の時点で，財務官 Trésorier，主計局 Chambre
aux Deniers，そして会計院と，三つ組織，それらが担う業
務が，事実上，判然と区別され，王とともに移動するスタ
イルを変え，それゆえに特定の仕事場を固定する必要が生
じたものと理解される。しかし三者の区別をはっきりと規
定したのは1316年のサン・ジェルマン・アン・レイの王
令，さらに会計院の組織構成と運営を規定したのは1320
年のヴィヴィエ・アン・ブリーの王令である。8名の主査
maître が任命されたが，そのうち2名（聖職者と俗人各1
名）が総裁 président で，この二人は事実上，業務には携
わらないので，実質6名，そこに11名のアシスタントが
加えられた。もちろん，その名が示すように，様々な会計
の監査がその主業務である。王の家政機関の出納簿，各地
の王役人の業務実態の監督役人（王ルイ9世の治世，1240
年代後半に設置），バイイ bailli と呼ばれる各地の司法・警
察を担当する王役人（1190年ころ王フィリップ2世が設
置），セネシャル sénéchal と呼ばれ，やはり司法・警察を
担当する王役人（1229年，20年に及ぶアルビジョワ十字軍
による混乱を収拾するため，パリ条約で南フランスに設置），
など，各地に駐在する国王役人が管理する帳簿類を年に数
度，定期的に監査した。専門知識を必要とするので，王は
早々に監査に列席しなくなり，「よろしく計らうように」
したとされる。主査たちも「お歴々」はなるべく立ち寄ら
ぬように望んでいたという。

───────────

et Mattéoni, Olivier dir. ; *La France des principautés, Les Chambres des
comptes, XIV° et XV° siècles*, Paris, 1996. に所収 pp.3-15. 移転に関する
典拠は Viard, J.; *Les journaux du Trésor de Philippe IV*, Paris, 1940. およ
び Delisle, Léopold; *Mémoire sur les operations financières des Templiers*,
Paris, 1889.

第3章　統治機構と権力者　　　107

最後に，第四の組織である高等法院 Parlement に関して。
裁判審級制の最終審を担う司法機関だが，1345 年 3 月
11 日の王令で，より厳密に，3 つの部局 Chambre を擁す
る組織として規定された。まず，一般審理局 Chambre des
Enquêtes だが，これは紛争や犯罪が発生した現地に調査
官を派遣し，その報告書のみを審理して結審する。次いで
上級審理局 Grande Chambre と呼ぶ機構全体の中枢をなす
部局がある。ここが全体を指揮し，同時に貴族が連座する
刑事犯罪及び係争事件の審理を担当する。最後に宮廷審理
局 Chambre des Requêtes du Palais があり，これは緊急を
要する事件を扱い，短期間で結審させる部局であった。こ
の王令で約 100 名の人員が配置されたが，その 60％が貴
族出身であった。役職者を選挙で決定するという考え方
は，これもアリストテレスの影響とされるが，14 世紀に
なって定着する。高等法院の裁判長（審理長）が選挙で選
出されたのは 1366 年が最初で，慣例化するのは 1391 年
以降である[31]。
　高等法院は 15 世紀の間に，トゥールーズ，ボルドーな
ど，全国六か所に順次設置され，司法体系を支える組織と
して整備されていった。

　このように，旧制度社会の国家機構は 14 世紀に形成さ
れていったが，国王諮問会は当然としても，それを取り囲
むようにして，高等法院と会計院が配置され，そこに有能

────────────
　31）　高等法院は機能的には司法組織であるが，訴訟を審理する
ために様々な情報が集中する。そのために諸侯は配下の法曹家を常駐
させた。Autrand, Françoise ; *Naissance d'un grand corps de l'Etat, les
gens du Parlement de Paris, 1345-1454*, Paris, 1981. Id. ; France under
Charles V and Charles VI, in *The New Cambridge Medieval History* VI,
ed. by Jones, Michael, Cambridge, 2000, pp.422-441. 特に p.435.

108   第3部　オレームの世界

な官僚が集まり，有力な派閥を形成することになる。高等
法院では利害に敏感な守旧的な封建貴族が気脈を通じた法
曹家や封臣を駐在させ，様々な情報を得ることに熱心で
あった。それに対して，会計院では封建慣習に囚われず，
したがって土地資産に乏しい官僚たちが，新規の課税を考
案し，国家財政の安定化を模索していたと，とりあえず図
式化しておきたい[32)]。

2　北西派，中南派，ブルゴーニュ派

　さて，ニコル・オレームが王の側近に混じるようになる
のはヴァロワ家のジャン2世の治世，1350年代であるか
ら，半世紀遡ることになるが，フィリップ4世の治世か
ら説明を始めたい。
　フィリップ4世の治世は1285年から1314年まで30年
に及び，しかも強権的と言えるものであったから，当然，
その王権を支えた側近とともに各方面に軋轢を生むもので
もあった。とりわけ王国内の聖職者に対する課税と裁判権
を巡って教皇庁と争ったことは周知の事柄に属す。その
中心で王を助け，ガリカニスム[33)]を推進したのは，まずピ
エール・ド・フロートである[34)]。

---

　32)　Henneman, John Bell ; *Royal Taxation in Fourteenth-century France. The development of war financing 1322-56,* Princeton, 1971, pp.31-34.
　33)　ガリカニスム gallicanisme（フランス教会主義）とは，フランス王国内に居住し，活動する聖職者はフランス王国の世俗法とフランス王権に服し，ローマ教皇の権限は精神の分野，つまり教義と信仰の問題，に限定されるとする主張であり，近代に至るまで延々と繰り返された。
　34)　Pierre de Flote（生年不詳 -1302）。以下，伝記的事項に関してはフランス語版 Wikipedia を活用したが，その多くが Cazelles, Raymond ; *La Société politique et la crise de la royauté sous Philippe de Valois*, Paris, 1958. を典拠としている。

第 3 章　統治機構と権力者　　109

　彼はドーフィネ出身[35]。1273 年から 91 年にかけて，ヴィ
エンヌのアンベール 1 世[36]に伺候し，深い信頼を寄せられ
た。1294 年ガスコーニュでイングランドとフランスを仲
介。翌 95 年，フィリップ 4 世によってフランス尚書に任
命される。96 年には国王諮問会のメンバーとなり，パミ
エ司教ベルナール・セッセの暴言問題[37]に端を発した聖職
者の裁判問題，さらには課税問題で，教皇ボニファティウ
ス 8 世との交渉の中心となり，ガリカニスムの推進に尽
力したが，1302 年クートレイで戦死。

　ピエール・ド・フロート死後，その衣鉢を継ぎ，後任と
して侍従長に任命され，大諮問官となり，王国補佐と呼ば
れ，行政の頂点に立ったのはアンゲラン・ド・マリニィで
ある[38]。彼はノルマンディのリヨン・ラ・フォレの古い家

---

　35)　Dauphiné は，ヴィエンヌを中心とし，サヴォワに隣接する
土地だが，ローマ帝国崩壊後はブルグント王国，次いで，ボゾンの王
国に組み込まれ，その後，ドイツ帝国領となった。1349 年 3 月にア
ンベール 2 世（1312 生 -1355 没，アンベール 1 世の孫）からフラン
スのフィリップ 6 世が購入した。

　36)　Humbert Ier de Viennois あるいはド・ラ・トゥール・デュ・
パン de la Tour du Pin（1240 頃生 -1307 没）。ここで言うヴィエンヌは
リヨンの南 25km に所在する土地で，かつてのブルゴーニュ・プロヴァ
ンス王国の一部。ポワティエ地方を流れるヴィエンヌ川流域ではない。
アンベールは隣接するサヴォワ伯との抗争に苦慮していた。

　37)　パミエ Pamiers はトゥールーズの南南東 55km に位置す
る。司教座が設置されたのは 1295 年で，その最初の司教が Bernard
Saisset（1232 頃 -1314 頃）である。彼が王フィリップ 4 世をフクロウ
に喩えて，揶揄したというエピソードの真偽は不明だが，そのことよ
りも，近隣のフォワ伯，コマンジュ伯に対して，フランス王の司法権
限は及ばないはず，と恫喝したとされる。1301 年に拘束，パリに連
行された上に財産を没収された。この事件がフィリップ 4 世と教皇ボ
ニファティウス 8 世との対立を決定的にした。結局，セッセは 1308
年に赦免された。

　38)　Enguerand de Marigny（1260 頃 -1315）。Brown, Elizabeth A.
R. ; Philip the Fair and his ministers: Guillaume de Nogaret and Enguerran

110   第 3 部　オレームの世界

系に生れた。1295 年以来，王妃ジャンヌのパン焼き役に
就任し，さらに王妃の遺言執行役に選ばれていた。1306
年にはノルマンディ会計院を指揮するためにルーアンへ派
遣された。彼は教養もあり，如才なく，王フィリップ 4 世
の信頼を得て，様々な恩顧を受け，王と政治的見解を共有
したが，それゆえに彼は王と一心同体と見なされ，民衆の
憎悪の対象となった。殊に王とともに推進した貨幣貶質政
策は大きな反発を招いた[39]。

　1304 年にはモン・ザン・ペヴェールの戦闘に参加し，
フランドル伯ロベールの息子ルイを捕虜として，交渉を有利
に進め，12 年のポントワーズ条約では，捕虜解放と引き
換えにリール，ドゥエ，ベチューンの 3 都市を放棄させ
た。こうして巧みな外交手腕を発揮すると同時に，他方
で，自身とその親族のために地位と収入を確保することに
も余念がなく，1306 年に異母弟フィリップのためにカン
ブレ司教座を，もう一人の異母弟ジャンには 09 年にサン
リ司教座を，12 年にはボーヴェ司教座を手に入れ，自身
はルーアン大司教となり，さらにフィリップ 4 世の尚書長
となった。1309 年以降，実質的に取り仕切ってきた国庫
管理職に，王は改めて彼を任命した。しかし王と血縁関係
にある高位貴族がフランドル戦争を始めると，彼の立場は
微妙になる。1311 年の和平交渉は多くの高位貴族を失望
させた。同年，アンゲランはフランス尚書に任命され，国
庫すべての一元的管理を委任された。ところが，王弟シャ
ルル・ド・ヴァロワがアンゲランの収賄を告発した。王
フィリップがアンゲランを擁護したために大事には至らな

---

de Marigny, in Jordan, William Chester and Phillips, Jenna Rebecca dir.;
The Capetian Century, 1214-1314, Turnhout, 2017.
　　39)　Contamine, Philippe, Kerhervé, Jean et Rigaudière, Arbert dir. ;
*Monnaie, fiscalité et finances au temps de Philippe le Bel, Journée d'études
du 14 Mai 2004*. Paris, 2007.

第3章　統治機構と権力者　　111

かったが，貴族たちに不信の念を抱かせることになった。
1314年，パリに召集された全国三部会で，アンゲランは
長大な演説を繰り広げ，フランドル戦争遂行のための財政
援助を求め，最終的に諸税引き上げに成功したが，そのた
めに，大きな禍根を残すことになった。

　アンゲラン・ド・マリニィと並んでフィリップ4世の
政策を推進したのは，ほぼ同世代に属すギヨーム・ド・ノ
ガレである。彼はラングドック出身。ノガレ領主であっ
た[40]。フィリップ4世治下，1306年にはアンゲラン・ド・
マリニィとともに真の権力者となった。教皇ボニファティ
ウス8世への強行策，テンプル訴訟の立役者としてよく
知られる。マキャヴェリ以前のマキャヴェリアン。モン
プリエ大学で法学を修め，1287年ローマ法の教授となり，
求めに応じて，マグローヌ司教[41]やマジョルカ王[42]に法律
上のアドヴァイスを与えた。1293年フランス王フィリッ
プ4世に伺候するようになり，ボーケール・ニーム管区

---

40)　Guillaume de Nogaret（1260頃-1313）。Théry, Julien dir.;
*Guillaume de Nogaret. Un languedocien au service de la monarchie
capétienne*, Nîmes, 2012.

41)　Maguelone は Montpellier のすぐ南の海岸沿いにあり，砂嘴
と言える小島。

42)　アラゴン王ジャック（ジャウーメ）1世がレコンキスタの
一環として1229年にマジョルカ島を征服し，アラゴンの支配下に置
いた。1262年，王は遺言状で長子ペドロにアラゴンを，末子ジャウー
メ（後の2世）にマジョルカを相続させると決定。76年，王の逝去
により，この遺言が実施され，マジョルカ王国が発足したが，1343
年から翌44年にかけて，アラゴンが再征服し，マジョルカ王国を再
支配。1349年，王国の一部であったモンプリエをフランス王が獲得。
同年10月，王ジャウーメ3世がリュックマジョールの戦いで戦死，
マジョルカ王国はアラゴンに併合され，消滅した。ギヨーム・ド・
ノガレが様々な進言をした王とは，ジャウーメ2世（1243生-, 位
1276-1311没）である。

112   第3部　オレームの世界

のセネシャル司法代理となる。1295年末にはパリに出て，
1301ないし02年まで，シャンパーニュをはじめ，王国
東部の調査官を務める。同時に98年からは高等法院にも
席を置き，1300年以降，国王諮問会のメンバーにもなっ
た。もちろん当初から政権の中枢で指揮を取ったわけで
はなく，この時期はまだ一介の行政官に過ぎなかったが，
モンプリエ（領主領）をマジョルカとの共同封土とする企
画[43]，フィジャックの諸権利の取得[44]といった交渉の過程
で能力を発揮し，周囲からその存在を認められるように
なった。さらに，彼はパミエ司教ベルナール・セッセの問
題にも関与するようになり，教皇ボニファティウス8世と
対立する王フィリップ4世を支え，1303年3月12日，王
フィリップ4世が列席するルーヴル宮の集会で，ボニファ
ティウスの異端性を非難する演説を行い，公会議開催を王
に要求した。この後，ノガレはイタリアへ出発し，コロン
ナ家のスキアッラ[45]と共謀し，9月7日アナーニ滞在中の

　　43)　モンプリエ Montpellier 併合を目ざし，その前段階としての
交渉であったと思われる。モンプリエは1204年からアラゴン王国の
支配を受けていたが，1276年，マジョルカ王国の発足とともに，そ
の支配下に置かれた。93年にはマグローヌ司教がモンプリエに対し
て所持していた諸権利をフランス王フィリップ4世に譲渡したが，マ
ジョルカの後見は存続した。1308年には同フィリップがボーケール
Beaucaire，カルカソンヌ Carcassonne，ルエルグ Rouergue の3セ
ネシャル管区をモンプリエに統合している。したがって，フィリップ4
世はかなり早くから，おそらく1290年代から，モンプリエをフラン
ス王国に併合することを意図していたのだろう。ラングドック出身の
ギヨーム・ド・ノガレはこうした王の意図を実現するには，最適の人
物であったと推測される。
　　44)　Figeac はカオール Cahors の東北東50kmに位置する。サン・
チャゴへ向かう巡礼路に修道院があり，その諸権利をノガレが交渉の
末に買い取った。その見返りに，1302年，王フィリップ4世が造幣
権を授与。さらに1318年，フィリップ5世は都市参事会が選択した
紋章と旗をそのまま使用できるとする特許状を発給している。
　　45)　Colonna 家はオルシーニ Orsini 家，カエターニ Caetani 家

第3章 統治機構と権力者　　　113

教皇を急襲し，拘束した。おそらくフランスに移送する予
定だったのだろうが，9日に住民の蜂起に遭い，ノガレと
スキアッラ・コロンナは教皇を解放し，逃亡した。教皇は
住民の手でローマに運ばれたが10月11日，逝去。新た
に選出された教皇ベネディクトゥス11世はこのアナーニ
襲撃事件に対するフィリップ4世の責任をあえて追及せ
ず，ボニファティウスが行っていた闘争を継続しようとも
しなかった。ベネディクトゥスはノガレを教皇庁に召喚
し，04年6月7日の回勅では「破滅の息子，悪魔が生ん
だ悪の申し子」と決めつけた。スキアッラ・コロンナは破
門され，04年5月12日の赦免からは除外された。ノガレ
はフランスに戻ると，国王から温かく迎えられ，ラング
ドックに幾つかの地所を授けられた。

　1306年7月21日の王令でフランス王国の全ユダヤの拘
束，財産没収，追放が実施され，その債務者を復権させ
た。07年10月13日，異端の嫌疑でテンプル騎士の一斉
逮捕拘束。この計画の立役者はノガレとほんの数名の側近
たちであったとされる。その数日後，ノガレは御璽保管者
を命じられた。

　1314年11月29日に王フィリップ4世が逝去すると，
それまで抑えつけられていた貴族たちの反動が始まる。
シャルル・ド・ヴァロワの請求で，新王ルイ10世が王令
を下し，アンゲランは逮捕された。その訴状は41項目に
上る。彼は弁明の機会を与えられなかったが，彼の会計簿
は整然として，不審な点はなかったので，ルイ10世は父
の右腕だった男をキプロスへの追放刑に処した。すると

――――――――――
と並ぶローマの有力家系。コロンナ家はギベリン（皇帝派）で，中で
も，スキアッラ Sciarra（1270-1329）とステファーノ Stefano の兄弟
は，1294年オルシーニ家から選出された教皇ボニファティウス8世
に強く反発し，事あるごとに陰謀を企てていた。

114   第 3 部　オレームの世界

シャルル・ド・ヴァロワは改めて魔術使用の咎で彼を糾弾
した。もちろん完全な虚構だが，これは絶大な効果を発揮
した。アンゲランは法廷で自身を弁護することが許諾され
なかった。しかも糾弾する側の中心にいたのは彼の実弟
ジャン・ド・マリニィ[46]であった。この裏切りは彼に深い
絶望を味わわせた。1315 年 4 月 30 日，彼は処刑された。

　1317 年，新王フィリップ 5 世の下で，アンゲラン・ド・
マリニィの再審が開始され，その無実が証明され，復権が
なされた。

　フィリップ 4 世の逝去とともに失脚したアンゲラン・
ド・マリニィに代わって，政権の中枢を担うようになっ
たのはミル 9 世・ド・ノワイエである[47]。ノワイエはブル
ゴーニュ公領の北西端に位置し，彼の家系は代々ブルゴー
ニュ公の重臣であった。1295 年（24 歳前後）にブルゴー
ニュ公領内の一領主として公の封臣となり，翌 96 年から
公ロベール 2 世（位 1272-1306）の宮廷に伺候するように
なり，父の跡を継いで，その大膳職となり，さらに 1302
年には公の遺言執行人の一人となった。同年，王フィ
リップ 4 世の下でクートレイの戦いに参加し，翌 03 年に

───────────────
　46）　ジャン・ド・マリニィ Jean de Marigny（1285 頃 -1351）。
アンゲラン・ド・マリニィの異母弟。1309 年オルレアン大学で法律
を修めた後，パリのノートル・ダム聖堂の聖歌隊員となる。1313 年
ボーヴェ司教に就任。1347 年ルーアン大司教。この間，28 年に高等
法院上級審理局付き諮問官となり，さらにマセ・フェラン（シャルル
4 世死後からフィリップ 6 世の登位までの 2 か月間の摂政）の後任と
して，フィリップ 6 世の尚書局で御璽保管者を命じられた（29 年 7
月まで）。ロベール・ダルトワの訴訟では，諸侯の側に立ち，国王諮
問会の中では，ギヨーム・ド・トリとともに二人だけが王国追放刑を
主張した。39 年から 45 年までガスコーニュで国王代理。43 年から
44 年まで会計院総裁。
　47）　Miles IX de Noyers（1271 頃 -1350）。

第 3 章　統治機構と権力者　　　　　115

はフランス元帥に就任。04 年モン・ザン・ペヴェールの
戦いでは英雄的に戦い，フランス軍旗を死守したとされ
る。1315 年にはアンゲラン・ド・マリニィの収支会計監
査を担った。ルイ 10 世の下で，フランドルの反乱鎮圧に
向かったが，元帥職を解かれ，財務長官となって王国財政
を担う官僚たちの頂点に立った。16 年，フィリップ 5 世
治下，財政指揮はアンリ・ド・スュリィ[48]に委ねられ，ミ
ルはむしろ軍事指揮能力を買われて，カレー守備隊長とな
り，フランドル戦争で重要な役割を果たす。24 年にはシャ
ルル・ド・ヴァロワの指揮するギュイエンヌ遠征軍に参加
した。26 年，会計院総裁に任じられ，再び国家財政の中
心に返り咲き，28 年，ヴァロワ家フィリップが王となっ
て以降も，会計院の指揮を取り，かつカッセルの戦いでは
フランドル軍の侵攻を的確に把握し，新王を救った。31
年にはエドワード 3 世との交渉を進めた。

　ところが，1331 年から 35 年にかけて，ミル・ド・ノワ
イェは，ギヨーム・フロート（後述）とともに，一時的に
権力の中枢から離れる。これを画策したのは国王諮問会を
指導する尚書ギヨーム・ド・サント・モールであった[49]。

　このギヨーム・ド・サント・モールはトゥール近郊の
貴族出身。トゥール聖堂参事会長。1320 年からヴァロワ
家のフィリップに伺候し，27 年から財務監査を担当した。
28 年，このフィリップが 6 世として即位すると，彼の請
願審査官となる。ギヨームはこの立場で，尚書長マセ・

---

　48)　Henri de Sully（1282 頃 -1336）。スュリはオルレアン近郊の
地名。父アンリはフィリップ 3 世の大膳職。この息子のアンリはフィ
リップ 4 世の諮問官で，その息子のフィリップ（後の 5 世）を摂政期
から支え，1317 年にはその大膳職となり，さらに財務長官として財
務行政に従事した。

　49)　Guillaume de Sainte-Maure（生年不詳 -1335）。

116   第 3 部　オレームの世界

フェラン[50]と気脈を通じた間柄となり，次第にミル・ド・
ノワイェと競合する宮廷の重鎮となった。

　1329 年，マセ・フェランが死去すると，ギヨーム・ド・
サント・モールはその後任として尚書長に就任した。31
年にロベール・ダルトワが失脚すると，国王諮問会の中心
となり，ピエール・フォルジェ[51]，マルタン・デ・ゼッサー
ル[52]に補佐され，筆頭格となる。貪欲で，聖職録を幾つも
手にし，ランの財務庫にも手を付け，トゥールのサン・マ
ルタンの参事会長も兼任した。配下を維持するためであっ

---

　50)　Macé Ferrand（生年不詳 -1329）。その出自や経歴はよく分
からない。早くからフィリップ・ド・ヴァロワに伺候し，ル・マンと
アンジェの聖堂参事会員で，28 年，そのフィリップが 6 世として即
位すると，王の請願審査官となった。同年 7 月にはサン・ブリウー
Saint-Brieuc 司教となった。1328 年秋には尚書局の御璽保持者ジャ
ン・ド・シェルシュモンの死去に伴い，その後任として彼の名が挙
がったが，彼は高等法院上級審理局付諮問官を選んだ。半年後，29
年 4 月に死去。

　51)　Pierre Forget（? -1334）平民出身。1320 年代にフィリッ
プ・デュ・マン（後の王フィリップ 6 世）に仕える。1325 年にフィ
リップが父シャルルの領土を相続してヴァロワ伯になると，アン
ジューとメーヌのバイイに任じられた。1330 年，フランス財務官に
任命され，31 年から 34 年にかけては，ギヨーム・ド・サント・モー
ル，マルタン・デ・ゼッサールと並び，王国の重鎮となり，特に会計
院を指揮した。34 年ギヨーム・ド・サント・モール死後，6 月に彼も
死去した。

　52)　Martin des Essars（? 生 -1335 没）。ノルマンディの市民層
の出身。1310 年にはルーアン市長，後，フィリップ 4 世の治世後半
には，その諮問官となる。14 年，彼の遺言執行人のひとり。ルイ 10
世の下ではその家政長を務めた。フィリップ 5 世の下では会計院主査
のひとりとなり，16 年には国王小諮問会のメンバーとなった。1329
年，ギヨーム・ド・サント・モールとともに，外交使命を託され，ア
ラゴンを訪問。31 年から 35 年の間は，ギヨーム・ド・サント・モー
ルとともに王権を支える中心的人物となり，財務官ピエール・フォル
ジェとともに会計院を指導した。マルタン・デ・ゼッサールはギヨー
ム・ド・サント・モール死後，数か月後，35 年末に死去した。

第 3 章　統治機構と権力者　　　117

た。彼の遺産は巨大で，汚職の疑惑が数限りなくあった。
尚書局の運営に関しては，前任者のマセ・フェランが几帳
面で，規則的な記録を残したのとは対照的に，かなり杜撰
であった。しかし外交面では有能で，1331 年エドワード
3 世との和平合意を，34 年にはブラバン公との同盟を成
立させることに貢献した。しかしこの 34 年頃から体力の
衰えか，彼の政治影響力は低下し始め，35 年 1 月に死去。
　ギヨーム・ド・サント・モールが権力を掌握している間
も，ミル・ド・ノワイェは王フィリップ 6 世の義兄ブル
ゴーニュ公ウード 4 世（位 1315-49）の庇護下に留まった。
35 年にサント・モールが死去すると，ミル・ド・ノワイェ
はその後任として尚書長の座に就き，国王諮問会の中で，
次第に指導力を取り戻し，王国外交を指揮するようにな
る。ウード 4 世に支えられ，ノワイェは，自身の周囲に少
しずつブルゴーニュ出身者を増やし，元帥アンソー・ド・
ジョワンヴィル[53]とも親しく，次第にサント・モールの派
閥を押しのけ，結局，10 年に亘って王を補佐し，36 年に
はフランス大膳職となった。
　王フィリップ 6 世はシャルル・ド・ラ・セルダ[54]――後

---

　53)　Anseau de Joinville（1265-1343）。ルイ 9 世の年代記作者で
あったジャン・ド・ジョワンヴィルの四男。1316 年ルイ 10 世の死去
に伴う王位継承の混乱の中では，王弟フィリップ（後の 5 世）に与し，
その即位後は小諮問会のメンバーとなる。シャルル 4 世の治世では諮
問会から離れるが，フィリップ 6 世の下で国王諮問会に復帰。35 年
以降，ミル・ド・ノワイェの側近として重要な役割を果たす。シャン
パーニュ代官として，対イングランド戦争のために，王国東部の防御
を担当した。1339 年にフランス元帥。
　54)　Charles de la Cerda ou d'Espagne（1326 頃 -54）。カスティー
リャのアルフォンソ 10 世の息フェルディナンド・ド・ラ・セルダ
（1255-75）とフランスのルイ 9 世の娘ブランシュ（1253-1323）との
婚姻から出生したアルフォンソ・ド・ラ・セルダの孫。1351 年から
アングーレーム伯。同年，ラウール・ド・ブリエンヌの後任としてフ
ランス元帥に就任。またフィリップ 6 世の孫マルグリットと婚姻。フ

118   第 3 部　オレームの世界

にジャン 2 世によってフランス元帥に任命される——の
教育をノワィエに任せた。このシャルル・ド・ラ・セルダ
がミル・ド・ノワィエの派閥と国王の繋がりを継続させる
仲介役となった。

　28 年にヴァロワ家のフィリップの治世が開始されても，
ミル・ド・ノワィエと彼が率いるブルゴーニュ派の勢力は
変わらず，会計院を活動の舞台とした。38 年にアンソー
とジル・ド・ソワィエクール[55]が会計院に加入すると，総
裁を務めるミル・ド・ノワィエが国王諮問会も指導したた
めに，両者の機能分化が曖昧になり，一体化する傾向を示
す。諮問会が会計院内で開催され，そこに会計主査が同
席することが普通になった[56]。度重なる軍事遠征のために，
フィリップ 6 世は自身の権限と責任の一部分を彼の主た
る諮問官たちに委ねたが，彼らはすべて会計院の主宰者で
あった。つまりノワィエに加えて，尚書ギヨーム・フロー
トとジャン・ド・マリニィである。この会計院の優勢に，
フィリップ 6 世の当初からの諮問官たち，つまりギヨー
ム・ド・サント・モールのグループ，に不満を引き起こさ
ずにはおかなかった。この両派の対立を中和するために，
フィリップ 6 世は大諮問会に都市代表を召集するように

───────────

ランス王とナヴァーラのカルロス 2 世の抗争に巻き込まれて暗殺され
た。
　55)　Gille de Soyécourt（? -1346）。ピカルディの貴族。1328 年，
フィリップ 6 世の大膳職となる。31 年にはロベール・ダルトワの訴
訟に列席。クレシーで戦死。
　56)　ブルゴーニュ派のミル・ド・ノワィエが会計院と国王諮問
会の区別を意図的に曖昧にしていたことが，彼の庇護者たるブルゴー
ニュ公ウードの統治機構にも影響を与えたかもしれない。ディジョン
の諮問会が長く会計院内で開催され，名目的には独立した組織であっ
ても，実質的に区別が難しいものであったことは周知のことで，それ
が再編され，「二つの」組織機構となるのは 1380 年代のことである。
金尾健美『15 世紀ブルゴーニュの財政』知泉書館，2017. pp.326-330.

第 3 章 統治機構と権力者 119

なった。1335 年を過ぎると，ノワイエはこの肥大した諮問会を，12 人前後の国王諮問官だけの集会に縮小することができた。もうひとつの変化。諮問会は開催場所を変えず，常に王とともに移動することはなくなった。

イングランドとの抗争に備えて，ドゥエ，リールといった北部主要都市の市壁を補強させ，またカスティーリャのアルフォンス 11 世（位 1312-50）と 1336 年末に同盟を締結したのもミル・ド・ノワイエであった。それにもかかわらず，37 年にイングランドとの戦闘が開始されると，失政と見なされ，ミル・ド・ノワイエの立場は不安定になった。すると，フィリップ 6 世はノルマンディやブルターニュの出身者を登用することになるが，この動きも 1340 年のスリュイス（レクルーズ）の敗北で終わる。以後，この地方は不安定なヴァロワ王権を揺るがすことになった。41 年に始まるブルターニュ継承戦争[57]ではフィリップ 6 世は継承権を主張するシャルル・ド・ブロワ[58]を支援したが，イングランドに背を預けたジャン・ド・モンフォール[59]が優勢に立ち，42 年にはフランス側はブルターニュ

───────────────

57) 1341 年，ブルターニュ公ジャン 3 世が嫡子なきままに死去したことに端を発する戦争。45 年にジャン・ド・モンフォールが死去すると，その子ジャンが戦争を継続した。64 年に，対立するシャルル・ド・ブロワがオーレイで戦死し，ようやく戦争は終結。このモンフォールの息子のジャンが 4 世としてブルターニュ公位を継承した。

58) Charles de Blois（1319-64）。上記ブルターニュ公ジャン 3 世の姪ジャンヌ・ド・パンティエーヴルと 1337 年に婚姻。継承戦争の一方の当事者。母マルグリットは王フィリップ 6 世の妹。41 年，シャルルは王フィリップに優先臣従礼を捧げ，王の支援を得て，一時はブルターニュの大半を占領した。

59) Jean de Montfort（1294 頃 -1345）。上記ジャン 3 世の異母弟（父は共にアルトゥール 2 世）で，継承戦争のもう一方の当事者。モンフォール・アモーリィ伯（1330-45），リッチモンド伯（1341-45）。法的にも，血縁でも，このジャンの方が故ジャン 3 世に近く，ナント

120 第3部 オレームの世界

の多くの土地を失った。この状況で，ナントがモンフォー
ル側に開港しないように外交手腕を駆使して交渉したのは
ミル・ド・ノワイエであった。ノルマンディでは多くの中
小領主がヴァロワ王家に抵抗して戦った。この反乱者を王
権は厳罰に処したが，高等法院は寛大で，むしろ国王役人
の権力濫用を糾弾した。つまり高等法院は国王諮問会，な
いしミル・ド・ノワイエが率いるブルゴーニュ派，から距
離を置くようになった。

　43年1月には休戦が成立したが，国王財政の逼迫は深
刻度を増した。売買1リーヴルにつき4ドニエ（60分の
1）の特別税を終わらせることはできず，塩税も強化され
た。収穫は振るわず，貨幣価値は下落を続けた。農民も領
主も，あるいは都市民の地代収入も，その購買力を減退さ
せ，結局，それが人々の不満を醸成し，王と諮問会に対す
る怨嗟として跳ね返ってきた。ブルゴーニュ公ウードが
享受していた権威と恩顧は周囲に遺恨と嫉妬を引き起こ
し，それがミル・ド・ノワイエの率いる派閥に降りかかっ
た。1343年8月，王がパリに三部会を召集したのはこう
した状況の中だった。議論は貨幣問題に集中したが，王側
は何よりも課税強化を求めた。都市代表は強い貨幣の復活
を条件として課税を受け入れたので，王は譲歩せざるを得
なかった。この三部会はブルゴーニュ派の統治の終わりを
告げ，翌44年には諮問会は改組された。ミル・ド・ノワ
イエのグループは一人，また一人と消えていった。42年
には元帥アンソー・ド・ジョワンヴィルが，44年にはマ
チュ・ド・トリが死去。ミル・ド・ノワイエ自身も44年
以降は諮問会に出席していない。ジル・ド・ソワイエクー
ルは46年クレシーで戦死。諮問会の中心はノルマンディ

───────────
は早々に彼をブルターニュ公として認知し，42年にはイングランド
王エドワード3世も彼の支援を決断した。

第3章 統治機構と権力者　　　121

のジャン・ド・マリニィなど，北西地方の出身者が占める
ようになった。ノワイェに代わって，こうした新メンバー
を率いたのは尚書ギヨーム・フロートであった。それでも
ブルゴーニュ公の恩顧は変わらず，ミル・ド・ノワイェ
も時には諮問会に姿を見せ，大膳職の職務は生涯保持し
続けた。49年4月3日，長年にわたり派閥の中核であっ
たブルゴーニュ公ウード4世が死去し，ミル自身も翌年，
1350年9月21日に没した。王フィリップ6世が8月22
日に逝去し，その長子ジャン2世が登位した直後のことで
ある。ウード4世の息フィリップ[60]は46年8月10日，エ
ギヨン攻囲戦[61]で落馬し，死去している。その息，つまり
ウードの孫，フィリップ・ド・ルーヴル[62]はこの46年生
まれゆえ，ウード4世が死去した49年には3歳の幼児で，
病弱であったが，母ジャンヌ・ドーヴェルニュが摂政とな
り，ヴァロワ王家が公領を接収することはなかった。こう
して44年から続くブルゴーニュ派は支柱を失って大きく
衰退し，代わって北西派の興隆が決定的となった。王ジャ
ン2世がブルゴーニュ派を，あるいはブルゴーニュ公を疎
んじたという痕跡はないが，彼は1319年にル・マンで出
生し，32年からノルマンディ公となっている。関係ない，

---

　60)　Philippe de Bourgogne（1323-46）。彼自身は，したがって，
ブルゴーニュ公位を継承していない。1338年にジャンヌ・ドーヴェ
ルニュと結婚し，女子2人，男子1人を得たが，女子2人はいずれも
早世した。男子フィリップについては以下の註62を参照。

　61)　Aiguillon はガロンヌ川とロト川の合流地点（ボルドーから
南東方向に直線距離で90km）に位置する城塞都市。当時はイングラ
ンド支配下にあり，王太子ジャン（後の2世）が率いるフランス軍が
攻囲した。

　62)　Philippe de Rouvre（1346-61）。祖父ウード4世の死去に伴
い，彼からブルゴーニュ公位を継承した。上記のように，母ジャン
ヌ・ドーヴェルニュが摂政となったが，1350年，彼女が王ジャン2
世と再婚した後は，王自身がブルゴーニュ摂政（総督）となった。

122   第 3 部　オレームの世界

と言い切れるかどうか。むしろ，そのように見られること
を嫌って，あるいは恐れて，ブルゴーニュがフランス王権
から距離を取ることがないようなバランス政策を取った，
つまり自身の再婚相手としてジャンヌ・ドーヴェルニュを
選んだ，と理解することはできると思う。オレームがパリ
大学に登録したのは 48 年であるから，まさに両派の交代
劇の真最中ということになる。北西派の人々が派閥の充実
を望んで，それぞれの地元で，将来を嘱望させる優秀な青
年をパリに送るようにと，初等教育に携わる人々に依頼し
ていたかもしれない。

　ギヨーム・ド・フロートはラヴェル（オーヴェルニュの
クレルモン・フェラン近郊）の領主[63]，父ピエール・ド・フ
ロートは先に述べたように，フィリップ 4 世の諮問官か
つ尚書のひとりであった。ギヨームは，1298 年，ブラバ
ンで参事会員と助祭長を務めたことが経歴の始まりだが，
1302 年，父ピエールが死去すると，教会の経歴を放棄し，
還俗してラヴェルの所領を確保した。07 年から 13 年にか
けて，ラングドック請願審査官を務め，13 年にはイング
ランドのエドワード 2 世の許に派遣され，スコットラン
ドとの和平調印を勧めた。翌 14 年には高等法院上級審理
局付き諮問官となり，フィリップ 5 世治下，度々重要な
使命を託され，トゥールーズおよびシャンパーニュで司法
改革を進めた。シャルル 4 世の下では外交交渉を指揮し，
フランドル，アヴィニヨン教皇庁へ派遣された。フィリッ
プ 6 世の下でも，彼の活躍は変わらなかった。31 年には
エドワード 3 世との交渉に参加したが，その後，王との間
に微妙な乖離があり，むしろミル・ド・ノワイエの周囲に
混じるようになる。この理由は判然としないが，同年，断

---

63)　Guillaume de Flote（1280 頃生 -1366 以降没）。

第 3 章　統治機構と権力者　　　123

罪されたロベール・ダルトワに近しい存在であったことが
関係しているかもしれない。35 年，ミル・ド・ノワイェ
の率いるブルゴーニュ派が国王諮問会を一新すると，おそ
らく，それを機に王の恩顧を取り戻し，38 年にはフラン
ス尚書に任命された。ミル・ド・ノワイェ，ジャン・ド・
マリニィ，マチュ・ド・トリそしてギヨーム・ド・フロー
トの 4 名が国王諮問会の最有力メンバーであった。しか
し既述のように，1343 年の三部会以降，国王諮問会から
ミル・ド・ノワイェとブルゴーニュ派が一掃されると，北
西派が重きを占める。フロート自身は北西の出身ではない
が，尚書として，新しいメンバーの中でもジャン・ド・マ
リニィ，ジャン・ド・ネル・オフェモン[64]，ジャン・ド・
チルとともに重鎮であり続けた。政治外交交渉の経験が彼
を言わば首相の座に就けた。彼の大きな功績はドーフィ
ネの購入であろう。44 年には教皇クレメンス 6 世が主催
したアヴィニヨンの会議に，国王代理として派遣されてい
る。1347 年の三部会で，不満の矢面に立たされ，48 年初
には第一線を退くが，フィリップ 6 世，ジャン 2 世の下
で，諮問会のメンバーであり続けた。外交交渉には必ず関
与し，49 年，マジョルカ王ジャウーメ 3 世からモンプリ
エを購入する際にも重要な役割を果たした。57 年初頭に
はエチエンヌ・マルセルとの交渉にも関与している。彼は
三部会の意向にも，ナヴァーラ勢力にも敵対的ではなかっ

---

64)　Jean de Nesle-Offémont（1288-1352）。ピカルディのクレル
モン・ネルの貴族出身。フランス元帥であったギィ・ド・クレルモ
ン・ネルの息。フィリップ 6 世の侍従長であり，1344 年からは尚書
ギヨーム・フロート，ジャン・ド・マリニィとともに国王諮問会のメ
ンバーとしても活躍。会計院総裁でもあった。財政規律を厳格化した。
1345 年から 46 年の軍事遠征にも参加。クレシーの敗北が権力の再編
成を促し，同年には会計院を離れるが，ノルマンディ公ジャンがジャ
ン 2 世として 1350 年に即位した後も，諮問会のメンバーではあり続
けた。

124 　　　　第 3 部　オレームの世界

たように見える。1358 年には諮問会を離れるが，60 年，61 年には再び足繁く出席している。ギヨーム・ド・フロートはおそらく 1360 年代の半ばに死去したと思われる。80 歳を過ぎていただろう[65]。

　ここまでを，もう一度，時系列で振り返ると，まずドーフィネ出身のピエール・フロート。次いで 1302 年から 15 年にかけてはアンゲラン・ド・マリニィを中心とする北西派，15 年から 31 年にかけてはミル・ド・ノワイェを筆頭とするブルゴーニュ派，31 年から 35 年にかけて，一時的にギヨーム・ド・サント・モールが率いる中南派，そして 35 年，ギヨーム・ド・サント・モールの死去に伴い，ミル・ド・ノワイェの率いるブルゴーニュ派が復権し，43 年まで。43 年以降はギヨーム・ド・フロート（ピエール・ド・フロートの息）の中南・北西の混成派，と，40 年代までは，このように王権の下で権力と財政を掌握した幾つかの地縁グループの交代を整理することができる。会計院と高等法院という二つの機構が固有の権能を持ち，それを武器として他の組織と対立したと言うよりは，それぞれを，特に会計院を，操る権力者の出身地が重要な意味を持ち，派閥形成の凝集剤となっていたように思える。加えて，この間ずっとブルゴーニュ派を支えたのはウード 4 世であったことを忘れてはならない。彼の母アニエスはルイ 9 世の娘であり（したがってフィリップ 4 世と従弟同士であり），ウード自身はフィリップ 5 世の娘ジャンヌと婚姻し（それゆえ，ルイ 10 世，シャルル 4 世の甥にあたり），他方，彼の妹ジャンヌはフィリップ 6 世の妃であった（つまりフィリップ 6 世の義兄に当たる）。

---

　65)　Bautier, Robert-Henri ; Recherches sur la chancellerie royale au temps de Philippe VI, *Bibliothèque de l'école des chartes*, 1965.

第3章　統治機構と権力者　　125

　しかし，1350年代，特に後半以降になると，このよう
に地縁グループの競合によって政権交代が繰り返された
と，簡単に整理できなくなる。

3　法曹エリートの活躍

　1357年から翌58年にかけて，フランス尚書の職にあっ
たのはオーヴェルニュ（南フランス）の小貴族出身のピ
エール・エスラン（ペトルス・アイセリヌス）・ド・モンテ
ギュであった[66]。61年からヌヴェール司教を勤め，その傍
ら，68年にはシャルル5世の命を受け，大使としてウル
バヌス5世のもとに滞在した。オレームがアヴィニョン
に派遣されたのは1363年と66年であったから，その数
年後になる。二人はほぼ同世代でもあり，パリで，あるい
はアヴィニョンで，互いに言葉を交わすこともあったかも
しれない。しかしモンテギュは，晩年71年以降，ラン司
教を務め，フランス王権と教皇庁との交渉・仲介役として
のキャリアが長い。そのために，フランス王の教会対応に
意見を述べることはあっただろうが，王国内の財政に深く
関与することはなかったと思われる。

　王の側近には，さらにリジュー司教アデマール・ロベー
ル[67]，シャルトル司教ジャン・ダンゲラン[68]，クータンス司

　66）　Pierre Aycelin de Montaigut（1320 から 25 に生 -1388 没）。
オーヴェルニュの小貴族の家系に生まれ，母方はアヴィニョン教皇ク
レメンス6世，グレゴリウス11世と血縁関係にあった。

　67）　Adhémar Robert（生年不詳 -1352）。リムーザンの貴族の家
系。サン・ジャル副伯エマール2世の息。実兄であるモントーバン司
教ベルトランに宗教教育を受けた。42年からクレメンス6世の枢機
卿。彼の母方の従弟ないし甥とされる。

　68）　Jean d'Anguerand（1312 頃生 -1375 没）。父ユーグ・ダン
ゲラン Hugues d'Anguerant はルイ10世の侍従であった。パリ高等法
院に在籍後，会計院総裁を務め，その後シャルトル参事会長となる。
1360年にシャルトル司教，68年からボーヴェ司教。

教ルイ・エルパン・デルクリィ[69]など，何人か聖職者が含まれるが，その中でもモンテギュと並ぶ重鎮を挙げるなら，すでに言及したが，やはりジャン・ド・クラオンであろう。クラオン家はマイエンヌの古くからの貴族家系で，パリから見れば西方に位置する。ランス大司教としてシャルル5世の戴冠式を主宰した。様々な場面で登場し，国内政治の中心的存在であり，しかも優秀な人材を発掘しては，その出自に関わりなく，王に紹介していた[70]。

武人では，まずジャン・ド・ラ・リヴィエールであろうか[71]。ブルゴーニュに隣接するニヴェルネ出身で，叔父にあたる上記ジャン・ダンゲランの推挙で1358年に王の侍従に任じられ，1364年の戴冠式後，筆頭侍従長となった。この時，戴冠式に列席していたキプロス王ペドロ（ピエール・ド・リュジニャン）と知己になり，翌65年には十字軍に参加したが，エジプトで戦死してしまったので，王の周囲で活躍した期間は限られるが，よく知られた人物である。

こうした伝統的な聖職者や武人はいずれも各地の貴族家系に属すが，上に名を挙げた人々は，それぞれ出身地が異なり，特定の地縁的傾向を認めがたいが，かつてのブルゴーニュ公ウード4世のように，求心的役割を果たす有力者が消え去ったわけではない。枢機卿ギィ・ド・ブーロー

---

69) Louis Herpin d'Erquery（生年不詳 -1370）。ルーアンのサン・ロー修道院長。パリ司教座参事会員。国王諮問と宝物管理筆頭を兼任。46年からクータンス Coutances（コタンタン半島の付け根付近西寄り，サン・ロー Saint Lô から28km）司教。しかしノルマンディはイングランドの侵攻により，治安悪化が著しいとして，彼はクータンスにはほとんど滞在していない。

70) Jean de Craon については本書第2部の註12参照。

71) Jean de la Rivière（1338 頃 -65）。本文で記載した通りニヴェルネ出身。彼がフィリップ・ド・メジエールを王シャルル5世に紹介したとされる。

第 3 章　統治機構と権力者　　　127

ニュ（ドーヴェルニュ）[72]。教皇特使として，何度か外交交
渉に関与した。ハンガリー王ルイ（1326 生 -，位 42-82 没，
ポーランド王位 70-82）が末弟アンドレの暗殺に復讐する
ため，1348 年，ナポリ侵攻を画策していたが，クレメン
ス 6 世の意を受けてギィは他二人の枢機卿とともに両者
を仲介し，停戦を成立させた。

　フランス王家に関わる案件では，シャルル・ド・ラ・
セルダ暗殺事件（1354 年 1 月）で，その黒幕とされたナ
ヴァーラ王カルロス 2 世を赦免するようにジャン 2 世に
諫言している。また，1361 年 11 月 27 日，ブルゴーニュ
公フィリップ・ド・ルーヴルが継嗣なく死去すると，12
月 28 日，フランス王ジャン 2 世はブルゴーニュ公領を接
収した。枢機卿ギィとその実兄ジャンは故フィリップ・
ド・ルーヴルの大叔父に当たり，ジャンはその相続を望ん
でいたが，王に誠実を尽くし，王の意向を汲んで，王の末
子フィリップ・ル・アルディに相続させ，ブルゴーニュが
王権から離脱してしまうことを避けた。ジャンとギィの兄
弟から見て，異母兄に当たる伯ギヨーム 12 世の娘ジャン
ヌ（つまり彼らの姪）は故フィリップ・ド・ルーヴルの母
であり，王ジャン 2 世の再婚相手である。さらにヌヴェー

---

　72)　Gui de Boulogne（1313-73）。ブーローニュ伯家とオーヴェ
ルニュ伯家の一体化は，ギィの時代から 100 年ほど遡るが，オーヴェ
ルニュ伯ギヨーム 10 世 Guillaume X（1195-1247）がブーローニュ伯
家のアデライード Adélaïde（1190-1265）と 1225 年に結婚したことに
始まる。彼らの曽孫ロベール 7 世（1282-1325）とブランシュ・ド・
ブルボン Blanche de Bourbon との初婚からギヨーム 12 世が誕生し，
伯位・伯領を相続する。マリー・ド・テルモンド Marie de Termonde
との再婚による第 2 子がギィ・ド・ブーローニュである。彼はアヴィ
ニョン教皇クレメンス 7 世の大叔父に当たる。1340 年教皇ベネディ
クトゥス 12 世（位 1334-42）によりリヨン大司教となり，42 年クレ
メンス 6 世（位 1342-52）によってサンタ・チチェーリア枢機卿と
なった。

128   第3部　オレームの世界

ル司教ピエール・エスラン・ド・モンテギュはオーヴェル
ニュ出身であった。こうした事実を勘案すると，枢機卿の
周囲には，ある程度の「まとまり」が形成されていたと考
えたくなるが，一時代前のミル・ド・ノワイエ程にはあか
らさまではなく，むしろ50年代の国家的危機の中で，権
力者の主たる関心事も変化し，自身の権勢拡大だけを望ん
でいたわけではないと考える方が自然であろう。

　さて，このような人々とは対照的に，新しいタイプの人
物が王の側近に混じるようになる。

　まず，高等法院に所属する法曹家の中に貴族ではない家
系の出身者が増加し，その専門知識を生かして社会的上昇
を遂げる者が現れる。それに伴って，神学のパリ大学より
は，法学のオルレアン大学の出身者が目につくようにな
る。その代表と言えるのが，ギヨームとジャンのドルマン
兄弟であろう[73]。彼らの父ジャンは高等法院の弁護人であ
り，執達吏でもあった。彼らはスワッソンの教会学校で初
等教育を終えると，オルレアン大学で法学を学んだ。ギ
ヨームは52年には高等法院の次席検事かつ国王弁護人と
なり，極めて有能と評価され，何人かの貴族の弁護人を
兼務する。特に55年には枢機卿ギィ・ド・ブーローニュ
の弁護人となり，ジャンは枢機卿の遺言執行人に指名さ
れた。おそらく1357年の夏，ジャン・ド・クラオンがド
ルマン兄弟を優れた法曹家として王に紹介した。その年，
ジャンは王太子の尚書となり，61年にはフランス尚書に
任命され，以後，生涯その職にあった。兄弟はクラオンだ
けでなく，モンテギュとも親交を結び，ギィ枢機卿の信頼
も深めていった。彼らは外交手腕にも優れ，59年にはナ

---

　73)　Guillaume Dormans（生年不詳 -1373）および Jean Dormans
（生年不詳 -1373）生年不詳のため，出生順も不明。伝記的記事は
Autrand, F.; *Charles V*, pp.696-706. を参照した。

第3章　統治機構と権力者　　129

ヴァーラ王カルロスとの交渉を担当し，60年にはブレティ
ニィにフランス側代表として派遣され，ガスコーニュにお
けるフランス王の宗主権と住民の上訴受理の正当性に関し
て熱弁を振るったとされる。64年以降，二人はその法（私
法，公法，封建法，教会法）に関する専門知識のために，
国王諮問会の中心であり，不可欠の存在であった。彼らは
改革派とは言えないかもしれないが，常に王太子の，ある
いはシャルル5世の側に立ち，その知識を駆使して支援を
惜しまなかった。73年，ジャン・ド・クラオンは自身の
死（3月26日）の直前にジャン・ド・ドルマンを自身の
代理に指名しているが，その年，ギヨームは7月11日に，
ジャンは同年11月7日に，ドルマン兄弟も相次いで死去
した。

　ほぼ同様の経歴を辿ったのはピエール・ドルジュモン
であろう[74]。ラニィ市民の家系で，父ジャンはパリ市内に
不動産を所有していたというから，かなり裕福な一族で
あったと思われる。1340年にパリ高等法院の弁護人とな
り，55年には裁判長に任じられた。57年の三部会の混乱
の中でも，国王への忠誠を失わず，王太子（後のシャルル
5世）にその存在を知られることとなった。70年代に入る
と，彼もまた国王諮問会の重要なメンバーとなり，73年，
ドルマン兄弟が死去すると，その後任として11月20日，
フランス尚書となった。

　さらにまた，法とは異なる分野で，つまり財務で，卓
抜した能力を発揮して登用されていく人々が現れるのも，
この時期の新しい傾向であり，その代表と言える人物が
ジャン・ポワルヴィランである[75]。彼は，フィリップ6世，

74）　Pierre d'Orgemont（1315頃-89）。Lagny（パリの北ワーズ
渓谷，ノワイヨンの北西8km）の市民家系。73年クリスマスに騎士に
叙任された。フランス尚書の職は80年に辞任するまで保持した。

75）　Jean Poilevillain（生没年不詳）。富裕なパリ市民。

130 第3部　オレームの世界

ジャン2世の下で，財務長官，造幣所長，水・森林資源管理官，そして諮問官を務めた。王権が必要とする能力を備えた人物とは，「大金を動かす」と言われた資金調達力のある富裕な都市民で，王権に多額の貸し付けを行った[76]。オレームが眉を顰めそうな人物で，資金運用に巧みで，富を築き，それゆえ悪評高く，1346年，投獄された。しかし55年にはシャルル5世によって解放され，復権し，会計院の職務を任された。

　おそらく，ポワルヴィランと同様，富裕な都市民と思われるが，ニコラ・ブラックなる者[77]がジャン2世とシャルル5世の財務長官および御衣・装身具保管役に就任している。ポワルヴィランと同時に，この人物も投獄された経験があるが，出自，経歴，不詳である。14世紀も半ばになると，王権の周辺だけでなく，各地の貴族の許でも，このような都市民出身者が財務官僚として登用される事例が目立つようになる。

第4章　政争の場──君主政管理の挑戦と失敗

　このような中央官僚の動向に対して，三部会は，現代風の言い方をすれば，一種のイベントであり，その開催は不定期，世論操作のための政治集会であり，王が自身の政治運営の支持を求める場であったと性格付けられる。しかし，たった一度だけ，三部会の側が主導権を握り，王政をコントロールしようとして，自律的な動きを見せたことがある。オレームが『貨幣論』を公表した直後のことであった。

76）　Autrand, Françoise ; *Charles V*, pp :192-93.
77）　Nicolas Braques（1320 から 23 年の間に生 -1388 没）

第 4 章　政争の場　　　131

　1356 年 9 月 19 日，ポワティエの戦いでフランス貴族軍が大敗を喫し，王ジャン 2 世がイングランド側の捕虜となった。王太子シャルル（後の 5 世）が身代金援助を依頼すべく，三部会を召集し，同年 10 月 17 日，開催に漕ぎつけたが，集会は王太子の予想外の方向に向かった。都市民を代表するパリ市長エチエンヌ・マルセル[78]，貴族層を代表するナヴァーラ王カルロス（シャルル）2 世[79]の配下，聖職者代表としてラン司教ロベール（ロベルトゥス）[80]の三者が王太子の単独行動に異を唱え，王ジャン 2 世がフランス王国内に不在の間，彼は国王代理統帥権者であり，王国の防衛責任者であるが，三身分を代表する 12 名の諮問会の下に置くと宣言した。つまり三部会が王権をコントロールすると宣言したことになる。王太子は苦境に立たされたが，決して孤立無援だったわけではない。サンス大司教ギヨーム・ド・ムラン[81]を中心とする守旧的貴族は王と

---

　78)　Etienne Marcel（1302-10 の間に生 -1358 没）。パリの都市貴族と言える裕福な家系に出生。1354 年からパリ市長。

　79)　Carlos II（1332 生 -，位 1349-87 没）。フランス・カペ家の王ルイ 10 世（位 1314-16）の娘ジャンヌ（ファナ）とエヴルー伯フィリップとの間に誕生。フィリップの父ルイはフランス王フィリップ 4 世の異母弟。カルロスは 1352 年にヴァロワ家の王ジャン 2 世の娘ジャンヌと婚姻。自身はカペの血を引く正当なフランス王位継承者であり，ヴァロワ家は王位を簒奪していると，フランス各地でキャンペーンを継続するので，1356 年 4 月 5 日，ルーアンで拘束され，獄中にあった。なお，ナヴァーラ王位は 1284 年ナヴァーラ女王ファナ 1 世（位 1274-1305）がカペ家のフィリップ（後の 4 世）と結婚したために，フランス王が兼任。しかし 1316 年にルイ 10 世が死去すると，ナヴァーラ議会はルイの娘ジャンヌ（ファナ 2 世）を女王として選出し，フランス王権から距離を取った。

　80)　Robert（Robertus）Le Coq（1310 頃 -73）。ピカルディ出身。オルレアン大学で法学を学び，パリ高等法院を経て，ジャン 2 世の諮問官となる。1351 年から 58 年までラン司教，62 年から 73 年までナヴァーラのカラホラ司教。

　81)　Guillaume II de Melun（生年不詳，在職 1344-76，同年没）。

王太子に誠実であった[82]。ちなみにムラン家は，やや伝説的ではあるが，その起源を 10 世紀の副伯に遡るとする古い家系であり，ムラン副伯家，伯家を核として 9 ないし 10 血統を束ねる巨大な血縁集団であり[83]，厳然たる権力を保持していたが，その力をパリの政権奪取に向けることはなかった。

翌 57 年 3 月，ラン司教ロベール・ル・コックが三部会を代表して政治改革プログラムを提案した[84]。その主内容は，

(1) その時点での国王諮問官を解任し，三身分の代表を国王諮問会に入れる。

(2) 通貨の安定，つまり経済安定化を求めて，三部会が調査・改革官を指名し，徴税の監督（課税配分，徴収，有効利用）も行う。

(3) 三部会は必要な際に自ら集合する権利（1357 年 2 月 5 日を先例とする）を有し，三部会の承認なしに租税徴収，軍隊召集，あるいは休戦調印を行っては

父ジャンは国王侍従。ギヨームは教会でミサに勤しむよりも戦斧を自在に操る戦闘に巧みで，56 年，ポワティエで王ジャン 2 世とともに捕虜となった。解放されると，王の身代金調達に奔走し，王太子の命により，サンスの防御強化の指揮をとった。

82) Autrand, F. ; *Charles V*, p.432.

83) Melun はパリの南東 40km に位置する。このムラン家の記述はフランス語版ウィキペディアによったが，執筆者は 18 世紀のルイ・モレリ『大歴史事典』，郷土史家セバスチャン・ルイヤール（17 世紀前半），同ルイ・ミシュラン（1765-1841）を典拠としている。郷土史家の研究を決して軽んじる訳ではないが，あまりに強い郷土愛を抱いていることがある。限られた空間で，単一の姓を共有する血縁集団が広がっていることは，それほど珍しいことではないと思うが。

84) 以下 Demurger, Alain ; *Temps de crises, temps d'espoirs, XIV°-XV° siècle*. Paris, 1990. pp.26-28. 大勅令 は *Ordonnances des roys de France de la Troisième race, recueillies par ordre chronologique* ; v.3, pp.121-146. 所収。BNF の Gallica からダウンロード可能。

第 4 章　政争の場　　　　　　133

　　ならない。つまり三部会を国王諮問会よりも重要な
　　国政機関と位置付ける。
（4）以上の見返りとして，三部会は兵士 3 万人分の給
　　与を立替える

という四点にまとめることができるが，王太子は母方の
叔父にあたるドイツ皇帝カール 4 世（位 1347-78）に助言
を求め，外交支援の同意を取り付けた。結局，王太子は三
部会側の要求をほぼそのまま受け入れ，1357 年 3 月 3 日，
全 61 項目からなる「大勅令」を発布し，王政の基本方針
（大局的には三部会の国政上の位置づけ。当面の課題として
は戦争遂行の財政措置）と行政改革（王役人のモラルの是
正と業務効率化）の大綱を示した。もちろん，戦争捕虜に
なったとはいえ，王ジャンとその名代たる王太子シャルル
の名で発布される法令であり，保存されるものであるか
ら，三部会の圧力に抗しきれず，仕方なく……と書くわけ
にもいかず，体面を維持できる文面にはなっている。その
中から主要な項目を取り上げると，

　（第 2 条）三部会 trois Etats が合意した御用金（援助金）
　　　　　ないし戦争代納金は戦費のみに使用し，流用不可。
　　　　　課税配分と徴収は国王役人でなく，三部会代表が実
　　　　　施する。各身分から 2 人づつ，うち 1 名が業務を
　　　　　監視する。
　（第 3 条）三部会は王国統治に関して，各身分代表 2 人
　　　　　のうち，少なくとも 1 人が合意しない案件につい
　　　　　ては何もしない。
　（第 4 条）合意した御用金以外の課税は認めない。
　（第 5 条）復活祭の 1 週間後の月曜日に三部会はパリで
　　　　　開催し，この戦争に関して議論する。欠席する場合
　　　　　も議決に拘束される。御用金に関する合意内容は 1
　　　　　年間有効。三部会は翌年 3 月 1 日までは，必要と
　　　　　あれば，王の召集を待たずに自ら集合し，御用金の

件，戦争の件，王国統治の件について討議できる。

（第 11 条）名指しされた諮問官，役人は罷免され，処罰
　　　される。

（第 15 条）新金貨，新銀貨を発行する。この新貨の品位
　　　は三部会の助言，合意がなければ，少なくとも 1 年
　　　間は変更できない。

（第 20 条）御用金に関して，三部会が選出した者が各司
　　　教区に出張し，昨年の課税・徴収状況を記載した帳
　　　簿を受領し，来たる復活祭の 1 週間後の月曜に開
　　　催される三部会で報告する。

（第 33 条）この戦争が継続する限り，貴族も平民も，追
　　　放されたのでなければ，王の許可なく王国から出国
　　　することはできない。

（第 39 条）三部会の助言なしに停戦することはできない。

（第 51 条）三部会が御用金に合意したことは，フィ
　　　リップ 4 世とジャン 2 世が発給した証書で確認さ
　　　れる限りで，如何なる慣習確認 Franchises，特権
　　　privilèges，特許 chartes に対しても，何ら予断を与
　　　えるものではない。

　つまり三部会を国王諮問会よりも上位に位置づけ，たえ
ずその助言に基づいて王国統治を行う旨の記載になってい
るので，表現は穏便であるが，三部会ないしその代表 6 名
（各身分から 2 人づつ）を王国の最高意思決定機関とする，
と読むことができると思う。

　この勅令に言及しておくべきことがもうひとつある。各
地に駐在する下級役人から王権の至近にいる高官に到るま
で，官吏の綱紀粛正に関する条文が非常に多く，全体の 3
分の 1，20 項目を越えている。「日の出とともに日常の業
務を始める」とか，「所定の日当の他に金銭を受領しては
ならない」とか，あるいは，そもそも「フランス尚書とは
尚書局の業務にしか関与しない…」（第 44 条）とか，あま

第 4 章　政争の場　　　　135

りに当然と思われる内容が，職種ごとにほぼ同様の文章で
繰り返されている。つまり現実はそうではなかったのだろ
うし，栄誉と職務の境界がなお曖昧だったのだろう。さら
に「尚書をはじめ，王役人は，自身のため，あるいは自身
の知己のために，金銭や恩顧を王に要求してはならない。
また空席の職務を充当するために，王および王太子に特定
の臣下を推薦してはならないが，長所があり秀でた者の名
を伝えることはできる」（第47条）。という条項は，本書
でも相当のページを費やして検討した通り，縁故主義の蔓
延を想像させる。優秀な人材を登用することは重要であ
り，信頼を寄せる人物の推薦は貴重だが，安易に頼って，
そのために手蔓なき無名の若者の前途を妨げてはならない
という事であろうか。

　王太子の側近であったジャン・ド・クラオンは王国の
不幸は諮問官の過失によると主張し，聖職者2名（ピエー
ル・ド・ラ・フォレ，シモン・ド・ビュシィ）[85]，貴族1名
（ロベール・ド・ロリス）[86]，財務官4名（ニコラ・ブラック，
ジャン・ポワルヴィラン，アンゲラン・デュ・プティスリエ，
ジャン・ショーヴォー）[87]の解任を進言し，新たに聖職者

85）　Pierre de La Forêt（1305-61）。トゥルネィ司教（1349-50），
パリ司教（1350-52）を歴任した後，1352年から56年までルーアン
大司教。56年にインノケンティウス6世の下で枢機卿。49年にはジャ
ン2世によりフランス尚書に任命される。Simon de Bucy（生年不詳
-1404没）1362年からスワッソン司教。同名の父はパリ高等法院の裁
判長（審理長）の一人。Autrand, F.；*Charles V*, pp.250-251.

86）　Robert de Lorris（生年不詳 -1380頃没）。モントルイユの貴
族出身。王ジャン2世の侍従で，その死去に伴い引退。Autrand, F.；
ibid.

87）　Nicolas Braques 註77参照。Jean Poilevilain 註75参照。
Enguerrand du Petitcellier。および Jean Chauveau の伝記的事項不明。
Autrand, F.；*ibid.*

136   第3部　オレームの世界

4名，貴族12名，都市民12名，計28名からなる新諮問
会を組織し，そこに三部会が選出した代表6名を含めた。
国王行政を至近から監視し，財政，特に通貨変動と戦争代
納金を管理するという三部会の意向に配慮したためであっ
た。しかし王ジャン2世がロンドンから一時帰国すると，
この国制改革は国王の不在を前提としていたから，中断を
余儀なくされた。同年5月には王ジャンは自らロンドン
に戻るが，三部会の改革プランが着々と実施されていった
とは言い難い状況が続く。

　以後，同57年の11月から12月にかけては，ナヴァー
ラ王カルロス2世（シャルル悪）の解放と課税を巡って，
エチエンヌ・マルセルと司教ロベール・ル・コックが王太
子と交渉を重ね，強引にナヴァーラ王カルロス赦免に合意
させた。無論，ヴァロワ王権の正当性に圧力をかけるため
である。
　同年12月から翌58年1月にかけて，王位継承者を巡
る交渉になるが，三部会自体が結論を出せなかった。1月
11日，王太子はパリ中央市場で三部会を批判し，「三部会
が政治を牛耳るようになって以来，徴収された御用金すべ
てから，余は一銭も受け取らず。その業務に従事する者ら
が（徴収した金額から）見返りを得ていると思われる」と
述べ，税は徴収されているはずだが，それが軍資金として
渡されず，祖国防衛のための財源確保という意味で三部会
は無能であると力説した[88]。実際，三部会は王家の選択に
関しても，新税徴収に関しても合意できず，何も決定でき
ない。パリの民衆は次第にエチエンヌ・マルセルが指導す

　88）　典拠は*Chroniques de Jean II et de Charles V*, éd. R.
Delachenal, SHF, Paris, 1910. Citées dans Demurger, A. ; *Temps de crises,
temps d'espoirs*. P.28.

第 4 章　政争の場　　137

る三部会に不審を抱くようになった。この世論が相対的に王太子を有利な立場に導くことになる。

　57年の勅令の実施はすぐに暗礁に乗り上げた。懈怠の著しい役人の摘発は半年も続かず，三部会が指名した徴税人はあまりに几帳面で，寛容を持ち合わせぬがゆえに，農民や貧しい職人に敵視された。後見諮問会に入った6名は少数派だったし，三部会は王太子の権力を継続的に監督する政治的経験を欠き，逆に王太子の方はゆっくりとではあるが官僚たちの信頼を取り戻していった。集会の場が度々変更されたが，これは当時としては危険で，費用が嵩み，地方代表に二の足を踏ませる措置であった。そのために三部会は次第に代表組織としての立場を失い，参加者はパリ市民だけになっていった。エチエンヌ・マルセルは議会立法による管理王政の実現に失敗したことを自覚し，それを公言し，もはや君主を頂くことが必要か否かは問題にせず，むしろ自身に最大限の権力を手渡してくれる者と共闘して，政治権力を確立する道を選んだ。

　7月21日，居酒屋の喧嘩が騒乱に拡大し，多数のイングランド兵が虐殺された。翌日エチエンヌ・マルセルと司教ロベール・ル・コック，そしてナヴァーラ王カルロスは事態鎮静化を図ったが，失敗。群衆を傭兵が待ち構える方へ巧みに誘導し，虐殺させた。パリ市民はこの裏切りによって，エチエンヌ・マルセルからも，ナヴァーラ王カルロスからも離れていった。

　そこへナヴァーラ王カルロスの弟フィリップが1万名のイングランド弓兵を引き連れて駆けつけるという噂が流れ，パリ市民は彼らの復讐と略奪を恐れた。1358年7月31日未明，エチエンヌ・マルセルは市門閉鎖を続行するため，自身で市門の鍵を保管しようとサン・ドニ門まで行ったところ，膨れ上がった群衆に呑みこまれ，罵倒され，虐殺された。8月2日，王太子は自らの手を汚すこと

なくパリに凱旋し，パリ市民 15 名だけを処刑した。パリ
市民の多くは王太子に恭順の意を示した。国王諮問会には
ランス大司教ジャン・ド・クラオン，サンス大司教ギヨー
ム・ド・ムラン，パリ司教ジャン・ド・ムーラン[89]，そし
てニコル・オレームなど改革派と目された聖職者が参加し
た。

　この 1356 年の三部会から発した一連の事件を反乱では
なく，政治改革と呼びたいが，それが失敗した原因を三つ
挙げたい。
　まず，三部会が「国民」の代表であったとは言い難いこ
と。そもそも出席者は一般から選出されるわけではなく，
王ないし王の側近によって指名された人々であり，大商
人，大貴族，等々特定の社会集団の利益を代弁するにすぎ
ない。それぞれが特殊性，個別性を主張するだけで，多数
に従うという発想は皆無であるから，課税についても，王
家の選択についても，総意というものが成立しない。とも
かく多数決を前提とした今日的意味での議会民主制は存在
していなかった。
　ついで，政治的経験の不足。この時一度きりであったか
ら，当然かもしれないが，三部会の面々は交渉，特に王権
（王太子）とのやり取り，官僚の指導，あらゆる面で経験
不足であった。
　最後に，改革の目的は三部会が「国民」の代表として国
政の最高権限を掌握し，王権を行政権と軍事指揮権に制限
し，その逸脱を厳しく監督することにあったのだろうが，
その目的を実現するためには，直面する問題，すなわちイ

───────────
　89）　Jean de Meulan（1283-1363）。1328 年にパリのノートル・
ダム，同時にサン・カンタンとカンブレの参事会員を務めたのを皮切
りに，モー司教（1334-)，ノワィヨン司教（1351-)，パリ司教（1352-)
を歴任した。

第4章 政争の場 139

ングランド軍を排除し，和平を樹立するために，財政と軍事を立て直さなければならない。ところがそのための具体的かつ斬新なプランを欠いていた，あるいは創出することが出来なかった。イングランドとの，フランドルとの戦争を乗り切るためには，傭兵隊を拡充するという古くさく，費用が嵩む対応しかできなかった。

私たちは21世紀から，この事件をこのように整理し，評価する。

おわりに

　本書の構成はやや変則的に見えるかもしれない。訳者・著者としては，オレーム（オレスミウス）なる人物と彼の論考が，名のみではなく，その内容がきちんと巷間に知られればよいと考えている。リーゼンフーバー『西洋古代・中世哲学史』にはオレームの名さえ現れない。ドンス・スコトゥスやオッカムの影響下にあった一人という以上の評価がなされていないからであろう。西洋哲学史の中での位置づけとしては，それでよいのかもしれないが，筆者としては，彼の少し異なる側面にも光を当てたいと思う。しかし，それがヨーロッパ中世の貨幣問題と書けば，限られた読者の関心を惹くだけかも知れない。本文でも言及したが，シュンペーターの『経済分析の歴史』でも有象無象の扱いである。だが，現代の中央銀行総裁のように，世界中に影響を及ぼす判断や決定を下す職責を担う者の倫理を丁寧に論じた論考であると言えばどうか。そのような視点を重視したつもりである。

　そのオレームの生きた 14 世紀の世界をあまり深入りしない程度に書き添えた。彼の主題は貨幣政策を貫徹する倫理であるから，当然，政治と不可分である。政治環境が変化する中で，その変化に追随するかのように，貨幣の品位も変更される。その変化する諸局面に言及しないわけにはいかない。しかし本書の主題はあくまでも彼，オレームと彼の思想であるから，焦点がぼやけないように，必ず，オ

レームとの関連を示唆する一言を添えた。彼の著作や発言が，実際に，課税政策に反映したか否かを判断するには，状況証拠を積み重ねて，推測の確度を上げる以外に格別の方法があるわけではない。第3部の政治・外交史，特に戦史に関してはすでに詳細を極める研究書が山積しているので，分かり切ったことを，と，呆れられた読者もあろうかと思う。繰り返しになるが，本書は14世紀の政治と社会の新解釈を提示する論争的性格を持つ一書ではない。その点を読者にあっては，ご寛恕願いたいと思う。

　今回も，知泉書館社長小山光夫氏にお世話になった。拙い作品を丁寧に閲読されて，適切なアドヴァイスを頂戴した。最後の最後に感謝の意を記す。

　　2024年9月　東京にて

訳・著者

143

家系図1 14世紀の英仏王家

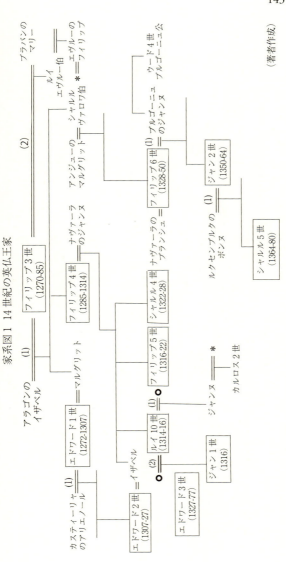

(著者作成)

144

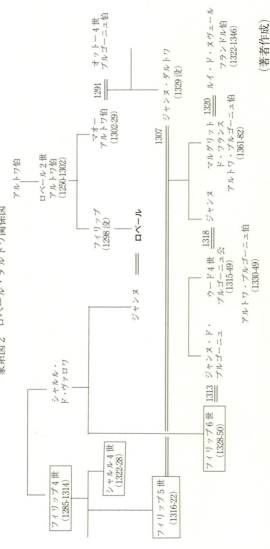

家系図2　ロベール・ダルトワ関係図

(著者作成)

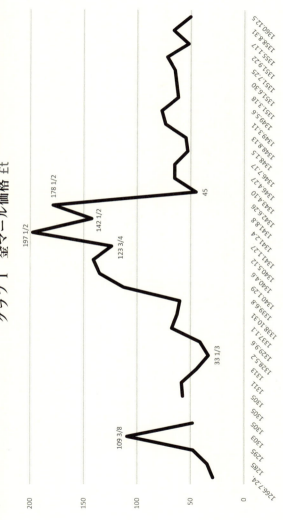

グラフ1 金マール価格 £t

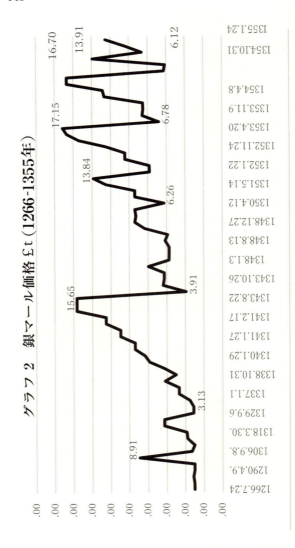

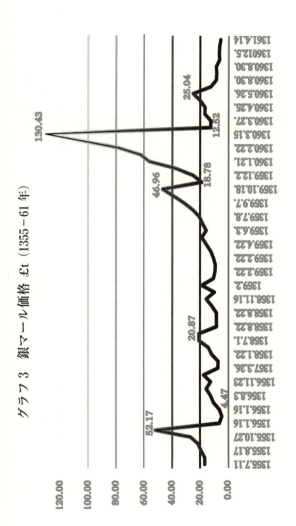

グラフ3 銀マール価格 £t (1355-61年)

表1 フランス王の金貨

発行年月日	名　　称	分割数/マール	純度carat	公定価格		マール価格 £t
ルイ9世（位 1226-70）フィリップ3世（位 1270-85）						
1266.7.24.	Ecu	58 1/3	24	10	st	29 1/6
フィリップ4世（位 1285-1314）						
1285	Petit Royal d'or	69	24	10	st	34 1/2
1295	Masse d'or	35	22	25	st	47 5/7
1303	Chaise d'or	35	24	62 1/2	st	109 3/8
1305	Petit Royal d'or	70	24	13 3/4	st	48 1/8
1305	Reine d'or	52	24	?		
1305	Masse d'or	35	22	30	st	57 2/7
1311	Agnel d'or	58 1/3	24	20	st	58 1/3
1313	Agnel d'or	59 1/6	24	15	st	44 3/8
ルイ10世（位 1314-16）フィリップ5世（位 1316-22）シャルル4世（位 1322-28）						
1326	Royal	58		25	st	
フィリップ6世（位 1328-50）						
1328.5.2	Royal	58	24	11 1/2	st	33 1/3
1329.9.6	Parisis d'or	33	24	20	sp	41 1/4
1337.1.1	Ecu à la Chaise 1	54	24	20	sp	67 1/2
1338.10.31	Lion	50	24	20	sp	62 1/2
1339.6.8	Pavillon	48	24	20	sp	60
1340.1.29	Couronne	45	24	40	sp	112 1/2
1340.4.6	Double d'or 1	36	24	60	sp	135
1340.5.12	Double d'or 2	36	23	60	sp	140 7/8
1341.1.27	Ange d'or	33	24	75	st	123 3/4
1341.2.4	Florin Georges 1	52 2/3	24	75	st	197 1/2
1341.8.8	Ange d'or 2	38	24	75	st	142 1/2
1342.6.26	Ange d'or 3	42	24	85	st	178 1/2
1343.4.10	Ecu à la Chaise 2	54	24	16 2/3	st	45
1346.4.27	Florin Georges 2	52	24	20	sp	65
1346.7.17	Chaise	52	24	20	sp	65
1348.1.5	Ecu à la Chaise 3	54	23	18 3/4	st	52 5/6
1348.8.13	Ecu à la Chaise 4	54	23 3/4	20	st	54 4/7
1349.3.11	Ecu à la Chaise 5	54	22	20	sp	73 5/8
1349.5.6	Ecu à la Chaise 6	54	21	20	sp	77 1/7
ジャン2世（位 1350-64）						
1351.3.18	Ecu à la Chaise 1	54	21	20	sp	61 5/7
1351.6.30	Ecu à la Chaise 2	54	20 1/2	20	sp	63 2/9

1351.7.25	Ecu à la Chaise 3	54	20	20	sp	64 4/5
1351.9.22	Ecu à la Chaise 4*	54	18	20	sp	72
1355.1.17	Mouton	52	24	20	sp	52
1358.8.31	Royal 1	66	24	20	sp	66
1360.12.5	Franc	63	24	16	sp	50 2/5

注) 金純度：24k (=carats) = 100%,　sp = sou pariss,　st = sou tournois
出典）Belaubre, Jean ; Histoire Numismatique, pp. 68-84, 274-291.
　　Bompaire, Marc et Dumas, Françoise ; Numismatique médiévale, pp.609-14, 626-31, 633-38.

150

表 2　フランス王の銀貨

発行年 月　日	名　称	分割 数 / マール	含有率 denier	公定 価格		マール 価格 £t
ルイ 9 世（位 1226-70）フィリップ 3 世（位 1270-85）						
1266.7.24	Gros	58	12	12	dt	3.03
1266.7.24	Denier	218	3 3/4	1	dt	3.03
1282	Gros tournois	58	12	12 1/2	dt	3.15
フィリップ 4 世（位 1285-1314）						
1290.4.9.	Gros tournois	58	12	12	dt	3.03
1290.4.9.	Denier tournois	217	3 3/4	1	dt	3.02
1303.8.22.	Gros t	58	9	26 1/2	dt	8.91
1306.9.8.	Gros t	58	12	13 1/8	dt	3.31
1313.6.	Denier t	217	3 3/4	1	dt	3.02
ルイ 10 世（位 1314-16）フィリップ 5 世（位 1316-22） シャルル 4 世（位 1322-28）						
1315	Gros tournois	58	12	15	dt	3.78
1318.3.30.	Gros tournois	59 1/6	12	15	dt	3.86
フィリップ 6 世（位 1328-50）ジャン 2 世（位 1350-64）						
1328.5.2	Maille	135	9	8	dt	6.26
1328.5.2	Double parisis	192	4	2	dp	6.26
1329.9.6	Gros tournois	60	12	12	dt	3.13
1329.9.6	Denier parisis 1	192	4	1	dp	3.13
1333.6.12	Denier parisis 2	217	4	1	dp	3.54
1337.1.1	Gros tour. couronne 1	96	10 2/3	10	dt	4.70
1337.1.1	Double tournois 1	180	4	2	dt	4.70
1338.10.31	Gros tour couronne 2	96	8 1/12	10	dt	6.20
1338.10.31	Double tournois 2	180	3 3/4	2	dt	5.01
1338.10.31	Denier parisis 3	240	2 1/2	1	dp	6.26
1340.1.29	Gros tour.. Couronne 3	105	7	10	dt	7.83
1340.1.29	Double tournois 3	180	2 1/4	2	dt	8.35
1340.4.6	Gros tour. Couronne 4	108	6	10	dt	9.39
1340.4.6	Double tournois 4	180	2	2	dt	9.39
1341.1.27	Gros tour. Au lis 1	84	6	15	dt	10.96
1341.1.27	Double parisis 1	168	2	2	dp	10.96
1341.2.17	Gros tour. Au lis 2	96	6	15	dt	12.52
1342.6.26	Gros tour. Au lis 3	120	6	15	dt	15.65
1342.6.26	Double parisis 3	240	2	2	dp	15.65

1343.8.22	Gros tour.	60	12	5	st	15.65
1343.8.22	Denier parisis 1	220	3 2/3	1	dp	3.91
1343.10.26	Denier parisis 2	220	2 1/4	1	dp	6.38
1343.10.26	Denier tournois	270	2 1/4	1	dt	6.26
1346.4.27	Double parisis 1	180	3 3/4	2	dp	6.26
1347.2.24	Double parisis 2	183	3	2	dp	7.96
1348.1.3	Denier parisis 1	220	2 1/2	1	dp	5.74
1348.1.3	Double tournois 1	183	3 1/3	2	dt	5.73
1348.1.3	Denier tournois 1	247	2 1/4	1	dt	5.73
1348.8.13	Denier parisis 2	220	2 1/3	1	dp	6.15
1348.8.13	Double tournois 2	183	3 1/4	2	dt	5.88
1348.12.18	Double tournois 3	200	2 1/2	2	dt	8.35
1348.12.27	Gros tour. A la queu	72	6	15	dt	9.39
1348.12.27	Double tournois 4	200	2 1/4	2	dt	9.28
1350.1.20	Denier tournois	225	1 1/4	1	dt	9.39
1350.4.12	Double Parisis 1	168	3 1/2	2	dp	6.26
1350.8.21	Double Parisis 2	168	2 1/3	2	dp	9.39
1351.3.18	Double Tournois 1	180	2	2	dt	9.39
1351.5.14	Double Tournois 2	210	1 3/4	2	dt	12.52
1351.9.22	Double Tournois 3	210	1 7/12	2	dt	13.84
1352.1.22	Blanc a l'epi 1	81	4 1/3	8	dt	7.80
1352.1.22	Double Tournois 1	175	2 1/3	2	dt	7.83
1352.7.22	Blanc a l'epi 2	100	4	8	dt	10.43
1352.7.22	Double Tournois 2	200	2	2	dt	10.43
1352.11.24	Blanc a l'epi 3	120	4	8	dt	12.52
1352.11.24	Double Tournois 3	240	1 5/8	2	dt	15.41
1353.4.20	Blanc a l'epi 4	140	3 1/2	8	dt	16.70
1353.4.20	Double Tournois 4	267	1 5/8	2	dt	17.15
1353.10.5	Double Tournois 1	162 1/2	2 1/2	2	dt	6.78
1353.11.9	Blanc au Chatel 1	65	3 1/6	8	dt	8.57
1353.11.9	Double Tournois 2	162 1/2	2	2	dt	8.48
1354.2.5	Denier tournois	244 3/4	1 1/2	1	dt	8.51
1354.4.8	Blanc au Chatel 2	96	3 1/6	8	dt	12.65
1354.4.8	Double Tournois 3	200	1 5/8	2	dt	12.84
1354.5.17	Blanc au Chatel 3	120	3	8	dt	16.70
1354.5.17	Double Tournois 4	240	1 1/2	2	dt	16.70
1354.10.31	Blanc aux petits qua. 1	80	3 1/3	5	dt	6.26
1354.10.31	Denier tournois 1	220	1 7/8	1	dt	6.12
1355.1.24	Blanc aux petits qua. 2	80	1 1/2	5	dt	13.91
1355.1.24	Denier tournois 2	220	1 1/3	1	dt	8.61
1355.3.20	Blanc aux petits qua. 3	120	3	5	dt	10.43

152

1355.5.22	Blanc aux petits qua. 4	120	2 1/2	5	dt	12.52
1355.7.11	Gros a la queue 1	72	3 3/8	15	dt	16.70
1355.7.11	Double parisis	192	1 1/2	2	dp	16.70
1355.8.17	Gros a la queue 2	72	2 11/12	15	dt	19.32
1355.9.27	Gros a la queue 3	80	2 11/12	15	dt	21.47
1355.10.27	Gros a la queue 4	100	2 11/12	15	dt	26.83
1355.11.9	Gros a la queue 5	100	1 1/2	15	dt	52.17
1356.1.16	Blanc au chatel 1	60	4	8	dt	6.26
1356.1.16	Denier p	220	3 5/24	1	dp	4.47
1356.1.16	Denier t	240	2	1	dt	6.26
1356.7.26	Blanc au chatel 2	75	3	8	dt	10.43
1356.8.3	Blanc au chatel 3	90	3	8	dt	12.52
1356.9.13.	Blanc au chatel 4	112 1/2	3	8	dt	15.65
1356.11.23	Gros au chatel	80	4	12	dt	12.52
1357.3.26.	Gros bl. a la couronne	70	5	24	dt	17.53
1357.3.26.	Denier p 2	224	2	1	dp	7.30
1357.3.26.	Denier t 2	257	1 7/8	1	dt	7.15
1358.1.22.	Gros au lis 1	60	4	15	dt	11.74
1358.5.7.	Gros au lis 2	60	3 1/3	15	dt	14.09
1358.7.1.	Gros au lis 3	80	3	15	dt	20.87
1358.8.5.	Gros au lis 4	80	3	15	dt	20.87
1358.8.22.	Gros a la couronne 1	53	4	12	dt	8.30
1358.8.22.	Denier p 3	224	1 3/4	1	dp	8.35
1358.8.22.	Denier t 3	240	1 1/2	1	dt	8.35
1358.10.30.	Gros a la couronne 2	75	4	12	dt	11.74
1358.11.16	Gros a la couronne 3	75	3	12	dt	15.65
1358.12.	Denier p	200	1 1/3	1	dp	9.78
1359.2.	Gros a la couronne 4	90	3	12	dt	18.78
1359.1.28.	Blanc a la couronne 1	100	3	6	dt	10.43
1359.2.22.	Blanc a la couronne 2	90	3	6	dt	9.39
1359.2.22.	Denier p	200	1 5/12	1	dp	9.21
1359.2.22.	Denier t	250	1 1/4	1	dt	10.43
1359.4.15.	Blanc a la couronne 3	120	3	6	dt	12.52
1359.4.22.	Blanc a la couronne 4	150	3	6	dt	15.65
1359.6.5.	Blanc a la couronne 5	150	2 1/2	6	dt	18.78
1359.6.3.	Gros aux lis 1	70	3 1/2	15	dt	15.65
1359.6.7.	Gros aux lis 2	70	3	15	dt	18.26
1359.7.8.	Gros aux lis 3	70	2 2/3	15	dt	20.54
1359.7.27.	Gros aux lis 4	80	2 1/2	15	dt	25.04
1359.9.7.	Gros aux lis 5	90	2 1/4	15	dt	31.30
1359.10.2.	Gros aux lis 6	112	2 1/4	15	dt	38.96

1359.10.18.	Gros aux lis 7	120	2	15	dt	46.96
1359.11.22.	Gros a l'etoile 1	48	4	30	dt	18.78
1359.12.2.	Gros a l'etoile 2	48	3	30	dt	25.04
1359.12.31.	Gros a l'etoile 3	60	2 1/2	30	dt	37.57
1360.1.21.	Gros a l'etoile 4	72	2	30	dt	56.35
1360.2.10.	Gros a l'etoile 5	80	2	30	dt	62.61
1360.2.22.	Gros a l'etoile 6	100	2	30	dt	78.26
1360.2.28.	Gros a l'etoile 7	100	1 1/2	30	dt	104.35
1360.3.15	Gros a l'etoile 8	125	1 1/2	30	dt	130.43
1360.3.27.	G r o s "compagnon" 1	64	4	12	dp	12.52
1360.3.27.	Denier p	192	1	1	dp	12.52
1360.4.25.	G r o s "compagnon" 2	64	3	12	dp	16.70
1360.4.25.	Denier p	190	3/4	1	dp	16.52
1360.5.2.	G r o s "compagnon" 3	64	2 1/2	12	dp	20.03
1360.5.26.	G r o s "compagnon" 4	64	2	12	dp	25.04
1360.5.26.	Denier p	192	1	1	dp	12.52
1360.8.30.	Gros bl. a la couronne 1	66	4	10	dt	8.61
1360.8.30.	Denier p	190	1 1/2	1	dp	8.26
1360.8.30.	Denier t	220	1 1/3	1	dt	8.61
136012.5.	Gros bl. Aux lis	54	4 1/2	10	dt	6.26
136012.5.	Denier p	199	2	1	dp	6.49
136012.5.	Denier t	210	1 3/4	1	dt	6.26
1361.4.14	Gros "tournois"	84	12	12	dp	5.48

索　引

あ　行

アキテーヌ　94-99, 101, 102
アナーニ　113
アリストテレス　3-8, 17-19,
　33, 35, 36, 50, 54-57, 60
アルトワ, ロベール・ド・
　99, 100
イザベル（エドワード2世妃）
　95-98
ウード4世（ブルゴーニュ公）
　99, 100, 117, 118, 120, 121,
　124, 126
エキュ金貨　71, 85-87, 101
エドワード1世（イングランド
　王）　94-96
エドワード2世（イングランド
　王）　96-98, 122
エドワード3世（イングランド
　王）　98-102, 115, 120, 122
エドモンド・ド・ウッドストッ
　ク（ケント伯）　96
オウィディウス　8, 10, 11,
　34
オレーム, ニコル（オレスミウ
　ス, ニコラウス）　62-80,
　93, 108, 122, 125, 130, 131,
　138

か　行

カエサル　16, 28
ガスコーニュ　85-97, 99,
　101, 109, 114, 129
カッシオドルス　8, 10, 14,
　22-24, 35, 39, 54, 66

カルロス2世（ナヴァーラ王）
　59, 118, 127, 129, 131, 136,
　137
ギィ（オーヴェルニュ伯, ブー
　ローニュ伯, 枢機卿）
　127, 128
キケロー　17, 28, 54
ギュイエンヌ　94-96, 115
クラオン, ジャン・ド（ランス
　大司教）　72, 126, 128,
　129, 135, 138
グロ銀貨　86-93
コペルニクス, ニクラウス
　79, 80
コロンナ, スキアッラ　113

さ　行

サルラ　96
サン・サルドス　95-99
サント・モール, ギヨーム・ド・
　115-17, 124
シャルル2世　→カルロス2世
　（ナヴァーラ王）
シャルル4世（フランス王）
　69, 70, 97, 98, 117, 122, 124
シャルル5世（フランス王）
　62, 64-66, 72-93, 125, 126,
　129, 130
シャルル・ド・ヴァロワ
　97, 113, 114
ジャン2世（フランス王）
　59, 62, 63, 88, 101, 108,
　118, 121, 123, 127, 128,
　130-32, 134-36
ジョワンヴィル, アンソー・ド・
　117, 118, 120

スュリィ，アンリ・ド・
115
セッセ，ベルナール（パミエ司
教）　109, 112
セネカ　54
セルダ，シャルル・ド・
117, 118

た・な 行

テオドリック，テオドリクス（東
ゴート王）　9, 11, 39
テオポンポス（スパルタ王）
57, 58
ドルジュモン，ピエール
129
トゥルノワ　86-90, 92, 99
ドルマン，ギヨーム　128,
129
ドルマン，ジャン　128, 129

ネル・オフェモン，ジャン・ド・
123
ノガレ，ギヨーム・ド・
111-13
ノルマンディ　62, 63, 80,
94, 95, 110, 116, 119-23,
126
ノワイエ，ミル・ド・　114-
24

は 行

フィリップ 4 世（フランス王）
69, 87, 91, 94, 95, 104, 105,
108-14, 116, 122, 124, 131
フィリップ 5 世（フランス王）
69, 99, 105, 112, 114-16,
122, 124
フィリップ 6 世（フランス王）
87, 98-101, 109, 114, 116-
19, 121, 123, 124, 130

フィリップ・ド・ルーヴル（ブ
ルゴーニュ公）　121, 127
フェラン，マセ　114, 116,
117
フゴティウス（ウグッチョ）
30
ブラック，ニコラ　130, 135
ブルターニュ　94, 95, 119,
120
フロート，ピエール・ド・
108, 109, 124
フロート，ギヨーム・ド・
115, 121-24
フロワサール，ジャン　82,
83
ブロワ，シャルル・ド・
119
ベルナール，レイモン（モン・
ブザ領主）　96, 97
ボエティウス　9, 39
ボニファティウス 8 世（教皇）
105, 112, 113
ポワルヴィラン，ジャン
130, 135

ま 行

マジョルカ　111, 112, 123
マリニィ，アンゲラン・ド・
109, 111, 114, 115, 124
マリニィ，ジャン・ド・
114, 118, 121, 123
マール　17, 21, 52, 86-88,
90, 92, 93, 101
マルセル，エティエンヌ
123, 131, 136, 137
ムラン，ギヨーム・ド・（サン
ス大司教）　132, 138
ムーラン，ジャン・ド・（パリ
司教）　138
メジエール，フィリップ・ド・
65, 126

索　引　　　　　157

モンフォール，ジャン・ド・
　119, 120
モンテギュ，ピエール・エスラ
　ン・ド・　125, 126, 128
モンプリエ　111, 112

ら　行

ラ・リヴィエール，ジャン・ド・
　65, 126
ラングドック　111, 112, 122
リーヴル（重量・勘定単位）
　86-88, 92, 93, 99, 120

ルイ9世（フランス王）　70,
　71, 85-87, 94, 104, 106,
　117, 124
ルイ10世（フランス王）
　69, 105, 113-17, 124, 125,
　131
ル・コック，ロベール（ラン司
　教）　132, 136, 137
ル・ベル，ジャン　82, 83
レハベアム（ロボアム，古代イ
　スラエル王）　41, 42

金尾　健美（かなお・たけみ）

1954年，東京生まれ。1980年一橋大学社会学部卒業，1982年同経済学部卒業，1992年パリ第4大学歴史学博士取得。歴史学博士。元川村学園女子大学教授。
〔主要業績〕 Les Messagers du duc de Bourgogne au début du XV° siècle, *Journal of médieval history*, vol.21, 1995, pp. 195-226. A propos du rôle des receveurs particuliers en Bourgogne au XV° siècle, *Annales de Bourgogne*, t.93-1 2021, pp.5-20. 「ヴァロワ・ブルゴーニュ公の宮廷とその財源」『西洋中世研究』No.8（2016）pp.5-25.『15世紀ブルゴーニュの財政』知泉書館，2017年。ジョルジュ・デュビィ『中世ヨーロッパの社会秩序』訳，知泉書館，2023年。

〔ニコル・オレーム『貨幣論』とその世界〕　ISBN978-4-86285-431-5

2025年4月20日　第1刷印刷
2025年4月25日　第1刷発行

訳著者　金　尾　健　美
発行者　小　山　光　夫
印刷者　藤　原　愛　子

発行所　〒113-0033 東京都文京区本郷1-13-2
電話 03 (3814) 6161 振替 00120-6-117170
http://www.chisen.co.jp
株式会社 知泉書館

Printed in Japan　　　　　　　　印刷・製本／藤原印刷

大グレゴリウス小伝 西欧中世世界の先導者
P. リシェ／岩村清太訳 四六/212p/2800 円

王国・教会・帝国 カール大帝期の王権と国家
五十嵐修 菊/510p/7500 円

15 世紀ブルゴーニュの財政 財政基盤・通貨政策・管理機構
金尾健美 菊/558p/折込 1/9000 円

中世ヨーロッパの社会秩序 〔知泉学術叢書 25〕
G. デュビィ／金尾健美訳 新書/684p/6200 円

中世ヨーロッパ社会の内部構造
O. ブルンナー／山本文彦訳 四六/204p/2200 円

ヨーロッパ都市文化の創造
E. エネン／佐々木克巳訳 A5/528p/8500 円

変革する 12 世紀 テクスト／ことばから見た中世ヨーロッパ
岩波敦子 菊/488p/6200 円

十二世紀ルネサンスの精神 ソールズベリのジョンの思想構造
甚野尚志 A5/584p/8000 円

ヨーロッパ中世の時間意識
甚野尚志・益田朋幸編 菊/394p/6000 円

ヨーロッパ文化の再生と革新
甚野尚志・益田朋幸編 菊/404p/6000 円

疫病・終末・再生 中近世キリスト教世界に学ぶ
甚野尚志編 菊/364p/6000 円

東西中世のさまざまな地平 フランスと日本の交差するまなざし
江川溫／M. スミス／田邉めぐみ／H. ウェイスマン共編 菊/390p/5000 円

旅するナラティヴ 西洋中世をめぐる移動の諸相
大沼由布・徳永聡子編 菊/302p/4500 円

地獄と煉獄のはざまで 中世イタリアの例話から心性を読む
石坂尚武 A5/552p/8500 円

聖歌隊の誕生 カンブレー大聖堂の音楽組織
山本成生 A5/618p/9000 円

(本体価格、税友表示)

歴史認識の時空
佐藤正幸　　　　　　　　　　　　　　　　　A5/478p/5600 円

ヨーロッパ史学史　探究の軌跡
佐藤真一　　　　　　　　　　　　　　　　　A5/334p/3800 円

ランケと近代歴史学の成立
佐藤真一　　　　　　　　　　　　　　　　　A5/410p/5200 円

ビザンツ世界論　ビザンツの千年
H.‐G.ベック／戸田聡訳　　　　　　　　　　A5/626p/9000 円

カロリング帝国の統一と分割　『ニタルトの歴史四巻』
ニタルト／岩村清太訳　　　　　　　　　　　四六/134p/1800 円

国王証書とフランス中世　〔知泉学術叢書 19〕
渡辺節夫訳著　　　　　　　　　　　　　　　新書/662p/6500 円

コンスタンティノープル使節記　〔知泉学術叢書 10〕
リウトプランド／大月康弘訳　　　　　　　　新書/272p/3300 円

ランゴバルドの歴史
パウルス・ディアコヌス／日向太郎訳　　　　菊/304p/6000 円

リウトプランド『報復の書』／アーダルベルト『レーギノ年代記続編』
三佐川亮宏　訳注　　　　　　　　　　　　　A5/554p/8000 円

オットー朝年代記
ティートマル／三佐川亮宏訳注　　　　　　　A5/840p/12000 円

ザクセン人の事績
ヴィドゥキント／三佐川亮宏訳　　　　　　　四六/336p/4000 円

医療と身体の図像学　宗教とジェンダーで読み解く西洋中世医学の文化史
久木田直江　　　　　　　　　　　　　四六/280p＋口絵8p/3500 円

名婦伝 〔ラテン語原文付〕〈イタリア・ルネサンス古典シリーズ〉〔知泉学術叢書 29〕
ボッカッチョ／日向太郎訳　　　　　　　　　新書/746p/6400 円

イタリア・モード小史
ムッツァレッリ／伊藤・山﨑・田口・河田訳　四六/308p＋口絵24p/3600 円

フランス宮廷のイタリア女性　「文化人」クリスティーヌ・ド・ピザン
M.G. ムッツァレッリ／伊藤亜紀訳　　四六/260p＋口絵20p/3600 円

（本体価格、税抜表示）

中世後期イタリアの商業と都市
齊藤寛海　　　　　　　　　　　　　　菊/494p/9000 円

拡大するヨーロッパ世界　1415-1914
玉木俊明　　　　　　　　　　　　　　菊/464p/6000 円

近世貿易の誕生　オランダの「母なる貿易」
玉木俊明・山本大丙　　　　　　　　　菊/416p/6500 円

異文化間交易とディアスポラ　近世リヴォルノとセファルディム商人
F. トリヴェッラート／和栗珠里・藤内哲也・飯田巳貴訳　A5/618p/9000 円

トレント公会議
A. プロスペリ／大西克典訳　　　　　A5/300p/4500 円

文化財の併合　フランス革命とナポレオン
服部春彦　　　　　　　　　　　　　　菊/496p/8000 円

女たちは帝国を破壊したのか　ヨーロッパ女性とイギリス植民地
M. シュトローベル／井野瀬久美惠訳　四六/248p/2400 円

スウェーデン絶対王政研究　財政・軍事・バルト海帝国
入江幸二　　　　　　　　　　　　　　A5/302p/5400 円

北方ヨーロッパの商業と経済　1550-1815 年
玉木俊明　　　　　　　　　　　　　　菊/434p/6500 円

北欧商業史の研究　世界経済の形成とハンザ商業
谷澤　毅　　　　　　　　　　　　　　菊/392p/6500 円

ロシア綿業発展の契機　ロシア更紗とアジア商人
塩谷昌史　　　　　　　　　菊/286p＋口絵8p/4500 円

情報の世界史　外国との事業情報の伝達　1815-1875
S. R. ラークソ／玉木俊明訳　　　菊/574p＋口絵12p/9000 円

シリアの悲嘆　キリスト教徒虐殺事件 1860 年（アラビア語史料付）
若林啓史　　　　　　　　A5/926p＋口絵16p/15000 円

中東近現代史
若林啓史　　　　　　　　　新書/820p＋口絵8p/5400 円

三十七人の著者　自著を語る
渡邊　勲 編集　　　　　　　　　　四六/458p/3300 円
（本体価格、税抜友表示）